Todo para saber

Hágalo usted mismo

Todo para saber

Hágalo usted mismo

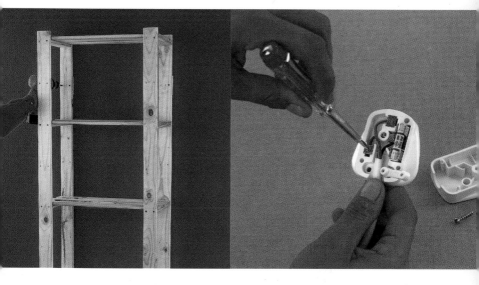

Todas las técnicas, herramientas y consejos
para que pueda realizar el trabajo
usted mismo

Título original: *DIY*
Primera edición 2005, por Collins, marca registrada de HarperCollins Publishers
Limited
Copyright © HarperCollinsPublishers, 2005
Basado en el material de DIY Survival de Tommy Walsh
Fotografía de Tim Ridley
Creado por: Focus Publishing, Sevenoaks, Kent

Editor del proyecto: Guy Croton
Editor: Vanesa Townsend
Diseñador: David Etherington
Coordinadora del proyecto: Carolina Watson
Diseño de tapa: Cook Desing
Fotografía de tapa: © Getty Images/Michael Wildsmith
Para esta edición
Supervisión de edición: Cecilia Repetti
Traducción: Graciela M. Jáuregui Lorda
Corrección: Guadalupe Rodríguez
Coordinación gráfica y diagramación: Jorge Deverill

HÁGALO USTED MISMO
1ª edición - 5000 ejemplares
Impreso en Casano Gráfica S.A.
Ministro Brin 3932 - R. Escalada (Lanús) - Buenos Aires
Impreso en la Argentina
15 de noviembre de 2006

Copyright © 2006 by EDITORIAL ALBATROS SACI
J. Salguero 2745 5º - 51 (1425)
Buenos Aires - República Argentina
E-mail: info@albatros.com.ar
www.albatros.com.ar

ISBN-13: 978-950-24-1162-0
ISBN-10: 950-24-1162-5

Hágalo usted mismo / compilado por Albert Jackson y David Day -
1a ed. - Buenos Aires : Albatros, 2006.
192 p. : il. ; 15x21 cm. (Todo para saber)
Traducido por: Graciela M.Jauregui Lorda de Castro
ISBN 950-24-1162-5
1. Cuidado de la Casa. I. Jackson, Albert, comp. II. Day, David, comp.
III. Graciela M.Jauregui Lorda de Castro, trad.
CDD 648

Contenido

Principios

básicos

El éxito de lograr hacer algo con las propias manos depende de la preparación inicial, del uso de las herramientas adecuadas y la de realización de un trabajo metódico y sin apuros. Conozca los principios básicos y el resto vendrá solo. Si es nuevo en el tema, comience a leer…

▶ Herramientas

No es posible hacerlo uno mismo sin herramientas. Compre las mejores, las más económicas pueden resultar frustrantes e incluso peligrosas. También, se debe seleccionar la herramienta correcta para cada trabajo.

Herramientas generales

Muchas herramientas tienen usos múltiples, lo cual resulta sumamente útil. La mayor parte de las herramientas que se muestran aquí están incluidas en esta categoría. Una caja de herramientas completa es una buena inversión: esto permite protegerlas y mantenerlas bien organizadas, para poder encontrar con facilidad un elemento en particular cuando sea necesario.

Cúter   Detector triple   Escuadra combinada   Nivel de bolsillo   Cinta mé

Broches de sujeción   Lezna   Martillo de pico (o martillo de vidriero)   Martillo de orejas   Taladro de batería   Caladora

Destornilladores   Cinceles   Llave francesa

Caballetes plegables

Escalera

Serrucho de carpintero

Sierra pequeña

Serrucho de costilla

Caja de herramientas

Sierra para cortar en ingletes

Guantes protectores

Protector auditivo

Máscara para polvo

Anteojos de seguridad

Herramientas para plomería

Si se producen obstrucciones en alguna parte de las cañerías solo se necesitan algunas de las muchas herramientas que se presentan en esta sección. Sin embargo, las llaves resultan muy útiles para sostener tuberías o aflojar canillas. También el robinete de purga es una pequeña herramienta sumamente útil para ventear el sistema de calefacción, por lo tanto es conveniente tener uno siempre a mano.

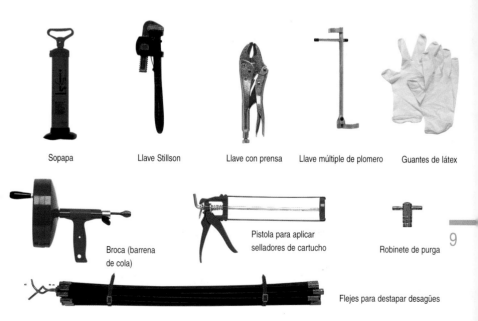

Sopapa

Llave Stillson

Llave con prensa

Llave múltiple de plomero

Guantes de látex

Broca (barrena de cola)

Pistola para aplicar selladores de cartucho

Robinete de purga

Flejes para destapar desagües

Herramientas eléctricas

Trabajar con la electricidad es peligroso y se debe proceder con sumo respeto; aun los arreglos más sencillos que se describen en este libro requieren cuidado y atención. Después de haber aclarado esto, con estas pocas herramientas básicas se puede realizar la mayor parte de los trabajos y no se necesitarán todas. Las descripciones detalladas sobre sus usos se encuentran en los proyectos eléctricos.

¡CUIDADO!

Noticia sorprendente
La electricidad es la responsable de más muertes en los trabajos que se realizan en casa que cualquier otra cosa, por eso se la debe tratar con respeto y si surgen dudas no se debe realizar el trabajo.

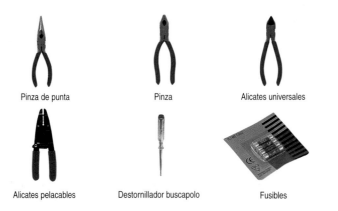

| Pinza de punta | Pinza | Alicates universales |

| Alicates pelacables | Destornillador buscapolo | Fusibles |

Herramientas para realizar decoraciones

Al igual que con la mayoría de las herramientas, cuanto más dinero se invierte en ellas, mejor será el resultado en los trabajos de decoración. Esto se puede advertir especialmente en los pinceles: los más económicos, con cerdas que se desprenden, son muy frustrantes y pueden arruinar literalmente un trabajo completo de decoración. Un cúter para azulejos (ver página opuesta) resulta una buena inversión, ya que se podrán realizar cortes bien prolijos.

| Pinceles | Bandeja y rodillo | Tijeras | Esponja |

Espátula para trabajos pesados

Marcador circular

Esparcidor para enlucidos

Tenaza para azulejos

Máquina para remover de vapor

Cúter para azulejos

Herramientas para exterior

No hay demasiadas herramientas adicionales para los trabajos en el exterior que las mencionadas en la página 8. Sin embargo, un nivel de burbuja resulta un elemento vital en el equipo de herramientas al igual que un balde resistente, ya que probablemente cumplirán múltiples usos tanto en los trabajos interiores como exteriores. Una maza de mango largo ayudará a derribar paredes o pavimento, mientras que las cucharas de albañil y la maza de goma resultan adecuadas para los trabajos de reconstrucción o de construcción desde el comienzo. Finalmente, cualquier trabajo de perforación en una pared exterior requiere mechas para mampostería (ver página 13).

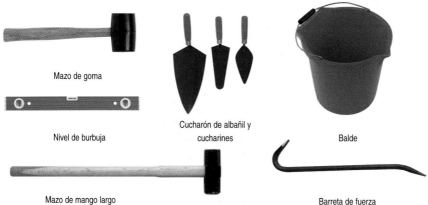

Mazo de goma

Nivel de burbuja

Cucharón de albañil y cucharines

Balde

Mazo de mango largo

Barreta de fuerza

PRINCIPIOS BÁSICOS

11

▶ Accesorios básicos

Si bien las herramientas facilitan una exitosa tarea, son los accesorios los que la mantienen en funcionamiento. No importa con qué habilidad se maneje el martillo, un destornillador o una agujereadora, ya que si no se utiliza el accesorio correcto de la manera adecuada, el proyecto fracasará.

Mantener un elemento en el lugar deseado puede resultar más dificultoso de lo que se piensa. Aun para realizar un agujero se requiere algo de planificación. Por ejemplo, no sólo se debe saber con exactitud dónde se desea la perforación sino qué tipo de accesorio deberá utilizarse y qué tipo de mecha se requiere para esa superficie.

Básicamente, los clavos son adecuados para mantener algunos elementos unidos en forma temporaria, pero los tornillos resultan mejores como accesorios permanentes y para cualquier cosa que requiera fuerza interior. Los tornillos traen cabezas en cruz (tipo Philips) o con ranuras, con distintos tipos y medidas. Si es necesario perforar una pared, entonces se necesitarán espigas para pared. Estas se colocan en las perforaciones de la pared para asegurar los tornillos.

De acuerdo con el trabajo que se deba realizar, se necesitará una serie de mechas para agujerear. Existen mechas para madera, mechas HSS (acero rápido) diseñadas para perforar metal y mechas para albañilería (de vidia), que se utilizan para agujerear mampostería, piedra y enladrillados.

La *Duct tape* (cinta para conductos) es impermeable, muy adhesiva y útil para toda clase de trabajos. Se puede utilizar cinta para enmascarar en los bordes de los sectores que se desean pintar, mientras que la cinta aisladora resulta útil para aislar y asegurar los dobleces.

Finalmente, existen muchas variedades de gomas para pegar y adhesivos, pero no habrá equivocación si se utilizan los básicos que se indican aquí. Hay que recordar que el sellador es sólo eso: se utiliza para sellar y no como goma de pegar alternativa.

DATOS ÚTILES

Materiales adecuados
Utilizar siempre el accesorio adecuado para la tarea que se deba realizar. Evitar la tentación de usar un clavo si se requiere un tornillo, o una chinche cuando la goma de pegar resultaría más efectiva. La regla de oro es "preferible estar seguro que tener que lamentar". Economizar o ser perezoso acerca de lo que necesita, puede resultar una buena idea en el momento, pero espere hasta que el trabajo se desmorone...

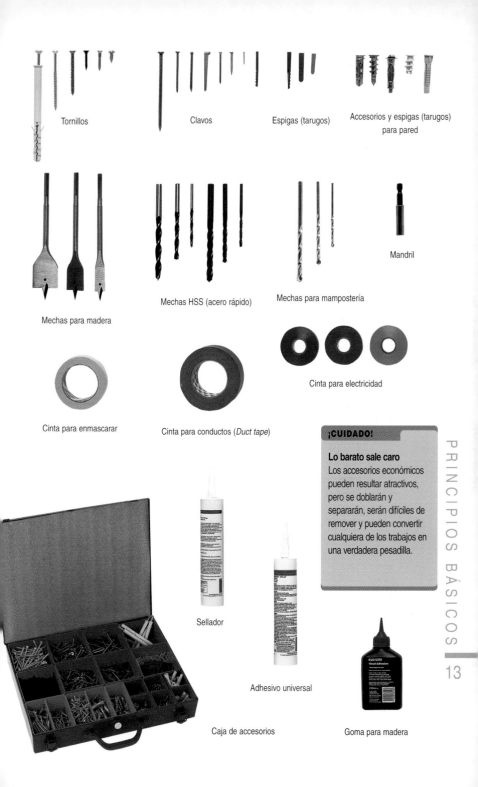

Tornillos

Clavos

Espigas (tarugos)

Accesorios y espigas (tarugos) para pared

Mechas para madera

Mechas HSS (acero rápido)

Mechas para mampostería

Mandril

Cinta para enmascarar

Cinta para conductos (*Duct tape*)

Cinta para electricidad

¡CUIDADO!

Lo barato sale caro
Los accesorios económicos pueden resultar atractivos, pero se doblarán y separarán, serán difíciles de remover y pueden convertir cualquiera de los trabajos en una verdadera pesadilla.

Sellador

Adhesivo universal

Goma para madera

Caja de accesorios

PRINCIPIOS BÁSICOS

13

▶ Verificaciones de rutina

Aunque a menudo los trabajos en casa consisten en proyectos divertidos y en construir desde la nada, también tienen un aspecto práctico: cuidar de los elementos propios. Esto quiere decir que se debe verificar que todo funcione correctamente, desde la plomería y el sistema de calefacción hasta los artefactos eléctricos.

Uno de los problemas más perjudiciales que puede ocurrir en una casa es la rotura de una tubería de agua. Si no se advierte a tiempo, puede provocar muchos inconvenientes, en especial durante los meses de invierno cuando las tuberías están sometidas a temperaturas muy frías. Con frecuencia los problemas ocurren cuando los ocupantes de la casa se encuentran de vacaciones, aunque sea por poco tiempo, y la prevención es la respuesta obvia. ¡Cierre las llaves de paso del abastecimiento de agua cuando salga de su hogar por algunos días! Esto significa que hay que saber dónde se encuentran.

En una casa la llave de paso puede estar en el jardín de adelante, cerca de la vereda, o en la vereda, afuera de la propiedad. Esta llave de paso es propiedad del municipio. Sin embargo, cualquier filtración que se produzca del lado de la propiedad es responsabilidad del dueño de la vivienda. Generalmente, se puede acceder a la llave de paso con una llave francesa, la cual se puede adaptar a distintos tamaños. Al cerrarla, se cortará automáticamente el suministro de la casa.

PRINCIPIOS BÁSICOS

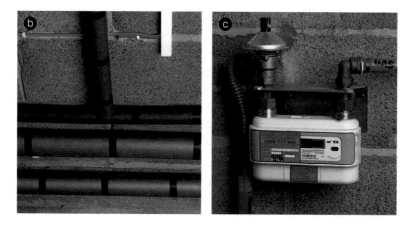

Normalmente, las casas y los departamentos tienen una llave de paso en el interior de la propiedad, cerca de la tubería principal. Esta se encuentra en la pileta de la cocina y la llave de paso está ubicada debajo o cerca de la tubería (a). Al cerrar esta llave de paso se interrumpe el suministro de agua. Este por lo general se desvía desde la pileta de la cocina para llenar un tanque de almacenamiento, el cual abastece de agua fría al baño, al inodoro y al lavatorio para las manos. Esta agua no es para beber.

La tubería que abastece el tanque también tiene una llave de paso que permite interrumpir el suministro a la zona del baño, sin interrumpir el suministro de agua potable a la pileta de la cocina.

Ante una emergencia, se deben cerrar todas las llaves de paso y vaciar el tanque de almacenamiento de agua abriendo las canillas de agua fría del baño y del lavatorio para manos, y vaciando en forma repetida el tanque del inodoro. Esto descargará el sistema por el desagüe evitando la inundación de la casa.

Verificar si las tuberías y los tanques de almacenamiento de agua tienen revestimiento (b). El revestimiento no es costoso y a largo plazo puede ahorrar fortunas en facturas de calefacción y en tuberías rotas o heladas.

La segunda fuente de energía que se debe localizar es la válvula principal de gas (c).

¡CUIDADO!

Advertencia importante
Si se siente olor a gas NUNCA se debe tratar de arreglar el problema en forma casera. No hay que encender ninguna luz ni artefactos eléctricos. Se debe cortar el suministro de gas y salir enseguida de la propiedad, asegurándose de que todos los demás se alejen al mismo tiempo. Llamar a la compañía de gas para que verifique el problema de inmediato.

15

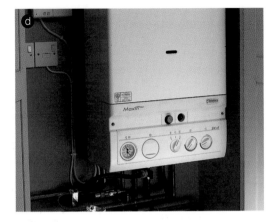

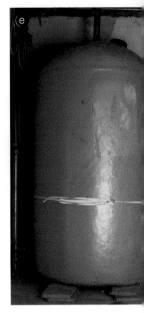

Esta válvula se encuentra ubicada en la tubería principal, antes del medidor. Sólo requiere un cuarto de giro hacia donde se cierra y luego hacia donde se abre. Normalmente la válvula se encuentra ubicada en un armario debajo de las escaleras o en un lugar poco accesible como el descanso del primer piso. En los últimos años, las empresas de suministro de gas comenzaron a colocar los medidores y las válvulas en una caja exterior. A menudo esto sucede en las propiedades que tienen más de una planta.

Otra verificación de rutina que se debe realizar es establecer qué tipo de sistema para calentar el agua tiene la propiedad. Una familia numerosa o una casa muy grande tiene un sistema convencional, el cual incluye una caldera de gas (d) y un tanque de cobre (e). En las propiedades más pequeñas sólo se utiliza un sistema de calderas para calentar el agua sin un sistema de almacenamiento en un tanque. Leer atentamente las instrucciones sobre cómo encender la caldera y utilizar las llaves de encendido. Colocar un registro escrito cerca de la caldera con los servicios de mantenimiento realizados. El mantenimiento es muy importante para asegurar el correcto funcionamiento del artefacto y que las emisiones tóxicas no ingresen en la propiedad.

Todos los trabajos referidos al gas en la casa deben ser realizados por un gasista matriculado y se deben verificar las credenciales y habilitaciones.

Otro equipo que hay que localizar en el hogar es el tablero de los fusibles eléctricos (f). Este posiblemente se encuentra ubicado debajo de una escalera, o en un lugar elevado junto a la puerta de entrada, y controla el suministro eléctrico de la vivienda (g). Se debe inspeccionar el tablero y verificar qué tipo de fusibles contiene para saber si son del tipo antiguo, con alambre, o los más modernos del tipo cartucho, y tener algunos de repuesto a mano. Resulta conveniente tener una linterna, un destornillador para trabajos eléctricos y un paquete de fusibles surtidos cerca del tablero, como así también velas y fósforos por si la linterna se queda sin baterías.

Finalmente, es conveniente tener a mano una lista con por lo menos dos números telefónicos de plomeros, electricistas y especialistas en calderas. Y sobre todo hay que hacer revisar con regularidad los sistemas esenciales de la casa: prevenir es mejor que curar.

¡CUIDADO!

Cortar la electricidad
En caso de emergencia hay que saber cómo cortar el suministro de electricidad. En el tablero se halla una llave de corte principal, en caso de dudas hay que moverla rápidamente. De manera similar, se debe cortar esta llave antes de realizar cualquier trabajo eléctrico en el hogar. Luego, también se podrá sacar el interruptor de circuito en miniatura o el circuito de fusibles individuales.

PRINCIPIOS BÁSICOS

17

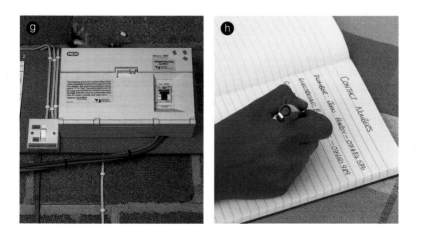

▶ Planificar el trabajo

Para que un trabajo en casa resulte exitoso es fundamental estar bien organizado y planificar un detallado *modus operandi*. No hay que embarcarse en una tarea sin tener una idea clara de cómo se va a realizar.

Es muy importante planificar con cuidado cualquier trabajo. Resulta aconsejable tener un plan escrito (a), ya que siempre existen múltiples factores a tener en cuenta. ¿Habrá que cubrir las alfombras con sábanas o enrollarlas? Si es posible, es mejor enrollarlas. Aunque el trabajo sea cuidadoso siempre existe la posibilidad de tropezar con una lata de pintura o un balde de engrudo, por eso lo mejor es pasar el contenido de los envases grandes a envases más pequeños para reducir la posibilidad de accidentes (b).

DATOS ÚTILES

Primeros auxilios

Planifique adecuadamente y tome el tiempo necesario para los trabajos y con un poco de suerte evitará el uso del botiquín de primeros auxilios. Sin embargo, muchos trabajos tienen elementos de riesgo, de manera que es conveniente tener a mano un buen equipo básico en caso de emergencia. Además de los elementos mencionados abajo se debe incluir crema antiséptica y algún líquido para lavar los ojos. En la mayoría de los comercios que venden elementos para "hacerlo uno mismo" o en farmacias se pueden adquirir equipos ya preparados. No hay que olvidar reemplazar los elementos cuando se hayan utilizado.

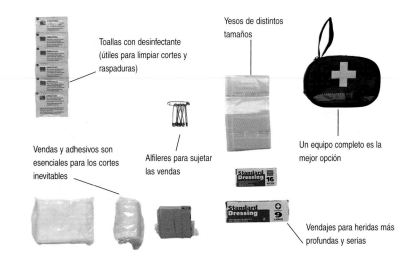

Toallas con desinfectante (útiles para limpiar cortes y raspaduras)

Yesos de distintos tamaños

Vendas y adhesivos son esenciales para los cortes inevitables

Alfileres para sujetar las vendas

Un equipo completo es la mejor opción

Vendajes para heridas más profundas y serias

¿Se empapelarán las paredes? Si es así, lo mejor es alquilar una máquina de vapor para despegar papeles para pared, lo cual ahorrará tiempo y dinero. Para decorar también hay que lijar y pintar la madera, pintar el cielo raso…. la lista es interminable.

No hay que apurar los trabajos. Conviene preparar y despegar el papel de las paredes en un fin de semana, y luego comprar los materiales y completar el trabajo el fin de semana siguiente. Como resultado, el trabajo será agradable y no se sentirá como una tarea doméstica. Se puede utilizar el tiempo que se ahorra para planificar el siguiente trabajo de la lista o para despejarse de los esfuerzos anteriores.

Cuando sea posible se deben realizar los trabajos en el hogar durante las horas de luz natural. Utilizar los atardeceres para planificar y comenzar temprano los trabajos. Las horas que van desde las 7 de la mañana hasta el mediodía resultan mucho más rendidoras que las que van desde el mediodía hasta las 6 de la tarde.

La tarea de lijar muebles u objetos movibles se debe realizar en el exterior. Si esto no es posible, o se debe lijar un piso, hay que sellar la puerta de la habitación con cinta para enmascarar y polietileno, y luego se debe cubrir todo con una sábana. También se deben abrir las ventanas y utilizar una máscara. Si el trabajo planificado será ruidoso hay que tener en cuenta a los vecinos, es conveniente llamarlos para avisarles y finalizar a una hora razonable.

En la planificación se deben incluir protectores y equipo de limpieza: trapos para limpiar el polvo, polietileno, bolsas para basura gruesas, cepillo, balde y trapeador, desinfectante y aerosoles. También se debe tener a mano un equipo de primeros auxilios (ver página opuesta) y no hay que olvidar todos los elementos para la salud y la seguridad que se pueden necesitar.

¿Quiere saber más?

Pase al siguiente nivel…

Remítase a…
- **Preparación** - páginas 22-7
- **Colgar cuadros** - páginas 48-9
- **Pulir pisos** - páginas 86-7

Otras fuentes
- **Cursos de tareas afines**
Consultar en su localidad sobre las ofertas disponibles.
- **Comercios del ramo**
Generalmente brindan generosos consejos si uno no está seguro sobre algún trabajo
- **Internet y libros**
Recorra las librerías o visite Internet y seguramente encontrará información valiosa.

Pintura y

decoración

Muchas personas que son nuevas en el tema comienzan pintando y decorando.
Si bien es justo decir que esta es una de las áreas más accesibles del pasatiempo, es un error pensar que la buena decoración es algo fácil. Por el contrario ¡hay mucho que aprender!

▶ Limpiar paredes y cielorrasos

Para obtener un buen resultado al pintar o empapelar una pared, lo primero que hay que hacer es sacar el viejo empapelado, las cerámicas o cualquier otro elemento.

Despegar el papel de la pared

Antes de comenzar a limpiar las paredes hay que retirar las alfombras, enrollarlas, atarlas y guardarlas. Marcar las paredes con el borde de la espátula o con el marcador circular (a) y mojar la pared con la esponja embebida en agua tibia con jabón. Trabajar las paredes en forma rotativa: mientras se limpia una, mantener la otra embebida en preparación.

Los cielorrasos son mucho más difíciles de limpiar de acuerdo con el tipo de pintura que se haya colocado sobre el papel. Alquilar una máquina limpiadora de vapor resulta muy conveniente, pues también es útil para las paredes (b). Si se utiliza una máquina limpiadora de vapor se deben seguir con cuidado las instrucciones y los consejos sobre normas de seguridad. No hay que apoyar la máquina sobre un mismo lugar durante mucho tiempo ya que se puede perder el enlucido de alguna pared antigua.

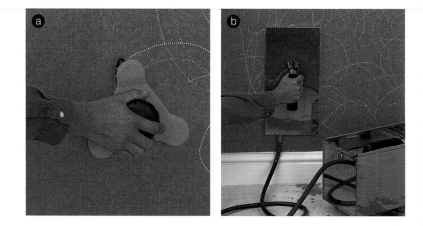

El papel bien mojado prácticamente se caerá solo. Si no se moja bien el papel se pueden provocar muchos deterioros cuando se trabaje con la espátula (c). Ante la duda, sacar el papel a mano.

Para retirar el papel sobre un enchufe o una llave de luz, cortar el suministro eléctrico en forma temporaria y retirar las tapas para poder remover el papel por completo. Comprobar que los enchufes estén secos antes de reestablecer el suministro eléctrico.

Para sacar cualquier excedente de papel, mojar con agua tibia y un poco de jabón utilizando un pincel removedor. Aplicar dos veces, con un intervalo de 20 minutos, para que se moje bien. Después de retirar todo el papel de las paredes con una espátula (d), tirar los restos a la basura y limpiar las paredes con agua tibia y detergente suave.

Utilizar la maza y el cincel para romper los azulejos. Cuidado con las astillas que saltan.

Remover azulejos

Para remover azulejos es necesario usar protectores y anteojos ya que las astillas filosas pueden desprenderse y cortar fácilmente. Usar el cincel para romper el primer azulejo. Esto permitirá introducirlo atrás del siguiente azulejo con más facilidad. Utilizar el cincel y la maza para remover el adhesivo viejo. Limpiar las paredes y el piso a medida que se avanza en el trabajo.

▶ Preparar para la decoración

La calidad del trabajo está relacionada directamente con el acondicionamiento previo. Esto es absolutamente cierto en el caso de la preparación de paredes y cielorrasos para su decoración. Después de retirar todos los elementos que cubren las paredes es fundamental sacar el yeso viejo y deteriorado antes de comenzar a decorar.

Si se apresura el trabajo de preparación previo a la decoración, todo aquello que no haya quedado de acuerdo con lo propuesto resaltará tanto ante los ojos que se convertirá en una verdadera angustia. Por eso, hay que tomarse el tiempo necesario y planificar en forma adecuada. Hasta la pared más arruinada se puede mejorar mucho con una buena preparación cuidadosa.

En el equipo de decoración, el cual debe ser de la mejor calidad posible, debe haber por lo menos un par de espátulas de plástico, de hoja ancha y de hoja más angosta. Estas son muy parecidas a las de metal, pero son mucho más flexibles y permiten arreglar las partes deterioradas de las paredes con mayor facilidad y eficiencia que si se utiliza una de metal.

A menudo, cuando se retira el papel en las propiedades antiguas, hay sectores en los que la capa de enlucido se cae desde la base. No se debe colocar el raspador debajo del enlucido ya que se pueden remover en forma inadvertida cada vez más capas de la superficie. Cuando el yeso esté deteriorado, siempre hay que cortar y raspar desde los costados hacia el centro del sector roto. Preparar toda la pared y aplicar con un pincel una solución de adhesivo PVA diluido en agua en los sectores deteriorados secos.

Para raspar el papel o lijar el yeso viejo, o realizar los rellenos nuevos, se deben utilizar guantes, porque es muy fácil lastimarse los nudillos al raspar la pared.

DATOS ÚTILES

Herramientas necesarias

Espátulas de metal
Espátulas de plástico
Esponja
Pistola para masillar
Masilla
Martillo
Listón de madera
Lija
Cuchillo de mano

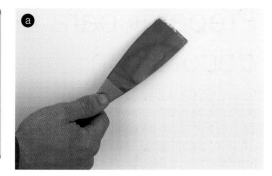

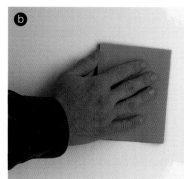

Para preparar el relleno, se debe mezclar el polvo con agua y aplicar suavemente en los sectores deteriorados. En las zonas en que el yeso esté roto cortar esa parte en forma de "V" con el borde de la espátula. Aplicar la solución de PVA y agua, y rellenar con la espátula (a). Esperar que el relleno se seque y luego pasar una lija fina. Doblar la hoja de lija y pasarla suavemente hasta que la superficie quede lisa (b).

Por lo general los rincones de las paredes están deteriorados, pues son más vulnerables a los golpes. Colocar una tabla temporaria y rellenar las roturas para solucionar este problema (c).

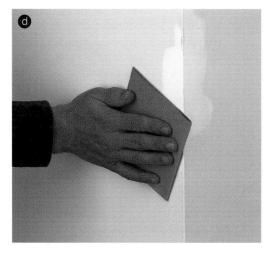

Dejar el sellador durante toda la noche para que se cure en forma adecuada, retirar la tabla y rellenar los agujeros de los clavos. Cuando el sellador esté completamente seco, volver a lijar suavemente (d). Después de lijar y absorber el polvo, limpiar los residuos de las paredes con una esponja y agua antes de volver a decorarlas (e).

Actualmente, existe una gran cantidad de elementos para trabajar en la decoración. Uno de ellos, la masilla para decoración, resulta particularmente útil. La misma viene en un tubo y se aplica con una pistola. Compre la adecuada para este tipo de trabajos, ya que existe una gran variedad para distintos usos. Para decoración se utiliza la masilla soluble en agua, no la de silicona. Esta masilla es ideal para rellenos en los bordes de las paredes o alrededor de puertas y ventanas. Seguramente se presentarán distintos tamaños de fisuras para arreglar, de modo que para comenzar hay que cortar sólo la punta de la boquilla con el cuchillo para rellenar las grietas pequeñas (f). Para las más grandes, se debe cortar un poco más la boquilla.

Utilizar una pistola para aplicar masilla requiere un poco de práctica. Lo mejor es comenzar en la parte superior y aplicar una capa siguiendo la línea de la grieta (g). Dejar de oprimir el gatillo cerca de la terminación de la grieta para evitar que se derrame la masilla.

Alisar la masilla con una esponja húmeda (h), pasándola suavemente para no arruinar la terminación ni levantar el material. Las imperfecciones se verán más cuando la masilla esté bien seca.

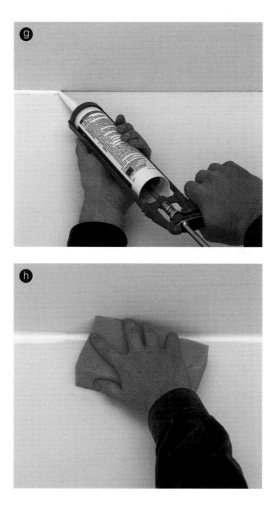

▶ Pintar paredes y cielorrasos

Después de completar las preparaciones y dejar que la masilla y los otros materiales sequen por completo, llegó el momento de embarcarse en la parte más gratificante del trabajo. Se deben tener a mano todos los elementos necesarios ya que no es aconsejable tener que hacer malabares con pinceles y rodillos una vez comenzada la tarea.

El mejor método para pintar cielorrasos es utilizar un rodillo de lana de cordero (a). Si es posible, colocarle una extensión para llegar hasta el techo con comodidad desde el piso, sino preparar una plataforma de trabajo firme. Cubrir el piso con sábanas o diarios, y utilizar el rodillo lentamente sobre el cielorraso, pues de lo contrario habrá más pintura en el piso que en el techo. Con el rodillo se puede llevar la pintura cerca de las paredes, pero los bordes hay que pintarlos con un pincel (b). Esta tarea se conoce como "bordeado". No importa si la pintura cubre un poco las paredes, ya que cuando se aplique el color a la pared este la cubrirá.

a

Si la habitación tiene una moldura o una cornisa, se debe pintar del mismo color del cielorraso, a menos que prefiera que se destaque con un color propio.

El mejor método para pintar paredes también es utilizar un rodillo, aunque no vigorosamente, ya que la pintura se esparcirá sobre los elementos de madera y el techo recién pintados. Utilizar el rodillo para cubrir las paredes con la pintura (c).

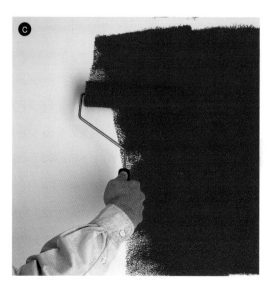

DATOS ÚTILES

Herramientas necesarias
Hojas de papel de diario
Rodillo
Bandeja para rodillo
Pinceles
Escalera plegable
Plataforma
Rodillo para radiadores
Film (película adhesiva transparente)

Los sectores a los que no se puede acceder con el rodillo se deberán pintar con un pincel. Las manchas de pintura que caigan sobre los elementos de madera o sobre las paredes se deben limpiar con una esponja o un paño húmedo antes de que se sequen.

Para utilizar un pincel y realizar los bordeados en el techo se requiere una mano firme (d), porque de otro modo al cielorraso y a la pared adyacente les quedarán bordes ondeados. Por este motivo hay que ubicarse en una posición cómoda antes de comenzar el bordeado, especialmente si el trabajo se realiza con una escalera plegable. Esta tarea se debe efectuar con tranquilidad, pues no es una buena idea emprender esta parte del trabajo con cansancio e inestabilidad después de un largo día de decoración.

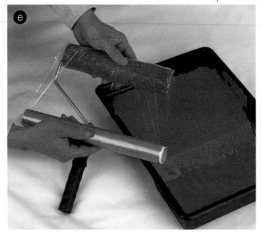

Si se debe salir o tomar un descanso entre la aplicación de las capas de pintura, se pueden envolver los pinceles y rodillos con film para evitar que se endurezcan antes de finalizar el trabajo (e).

En todos los trabajos de decoración aparecen rincones o algún otro sector de la habitación que resultan inaccesibles. Por ejemplo, siempre hay un espacio atrás de un radiador que necesita un retoque. Para no tener que retirarlo, se puede utilizar un rodillo extendido para radiadores y así llegar a los lugares más dificultosos (f).

Una consideración muy importante a tener en cuenta es la ubicación y firmeza de las escaleras o plataformas que se utilizan. Los pozos de escaleras presentan bastantes dificultades, ya que tienen formas extrañas y una profundidad peligrosa, pero se pueden alquilar plataformas o construir las propias.

DATOS ÚTILES

Rodillos
Los rodillos de piel de oveja no tienen una vida útil muy prolongada. Hasta los de mejor calidad pierden su flexibilidad, lo cual disminuye su eficiencia. Sin embargo, no hay que reemplazar todo el rodillo cada vez que esto suceda, pues se puede comprar una manga de piel de oveja nueva.

PINTURA Y DECORACIÓN

▶ Barnizar y pintar puertas y ventanas

Las puertas y ventanas presentan verdaderos desafíos para el decorador aficionado, ya que se requiere una preparación previa a la pintura y toda una variedad de técnicas nuevas durante el trabajo.

Barnizar puertas y ventanas

Existen diferentes tipos de barniz para madera, pero todos se deben aplicar del mismo modo para obtener una terminación perfecta.

La puerta o la ventana se deben preparar minuciosamente para luego pintarlas. Si es madera virgen hay que cepillarla para eliminar las partículas sueltas. Diluir la primera capa de barniz al 10% para formar una capa selladora. Aplicar el sellador con un pincel (a). Colocar el barniz siguiendo la veta de la madera y dejar secar entre la aplicación de cada capa de acuerdo con las instrucciones del fabricante.

Pasar una lija fina entre capa y capa (b), limpiar la superficie con un paño y alcohol fino, y aplicar una capa de barniz. Agregar una tercera capa para una terminación perfecta.

PINTURA Y DECORACIÓN

32

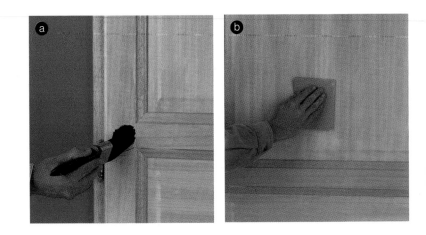

Pintar puertas

Cuando se trata de pintar puertas la preparación es muy importante. Retirar todos los muebles cercanos a la puerta (guardar el picaporte en el interior de la habitación). Para pintar madera virgen se debe colocar solución para nudos sobre los mismos y luego dar la primera mano de pintura. Si se pinta la puerta de un color en la parte interior y de otro en la exterior, hay que pintar los marcos de manera que combinen.

Para pintar una puerta corrediza, comenzar por la parte superior, utilizar un mini rodillo y trabajar hacia abajo en sectores verticales, colocando una puerta adentro de la otra (c). Añadir la pintura y terminar cada sección vertical con golpecitos suaves. Finalmente, pintar los bordes con un pincel de 25 mm para dar una buena terminación (d).

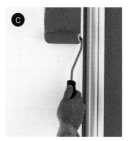

Pintar ventanas

Para pintar ventanas hay que retirar las fallebas y los pestillos, y mantenerlas abiertas mediante un clavo colocado en la parte inferior de la bisagra, en uno de los agujeros de los tornillos del marco. Limpiar el vidrio antes de pintar la ventana.

Preparar la superficie lijándola y retirando los residuos. Pintar primero la parte exterior de la bisagra, comenzando siempre por el borde interior y desplazándose hacia las superficies exteriores. Luego, pintar el marco fijo de la ventana, desde la superficie masillada hacia el marco. Se pueden cubrir los bordes de la ventana con cinta para enmascarar o limpiar las manchas con una espátula. Para todo tipo de pintura utilizar el primer tercio del pincel, no se lo debe sobrecargar con pintura (e).

▶ Empapelar

Durante muchos años empapelar ha sido fuente de toda clase de bromas en el área de los trabajos caseros. Esto se debe a que esta tarea puede estar llena de problemas y contratiempos, a menos que se realice correctamente y con sumo cuidado.

DATOS ÚTILES

Revestir paredes

Cuando se decora, resulta una buena idea realizar un doble revestimiento en una pared en mal estado, antes de empapelarla. Esto implica revestir la pared primero en forma vertical y luego horizontal. El esfuerzo se duplica, pero mejora muchísimo el resultado final y vale la pena hacerlo.

Si es una persona diestra, lo más fácil será comenzar del lado izquierdo de la puerta e ir girando por la habitación de derecha a izquierda. Otra alternativa es comenzar entre dos ventanas o en el centro de una chimenea, en especial si el papel tiene un diseño grande y llamativo.

Una vez establecido el punto de partida hay que marcar una línea vertical sobre la pared utilizando una cuerda con plomada o un nivel de burbuja, y rotarlo mientras se realiza la marca.

Sostener el borde del papel contra el cielorraso (a). Dejar un excedente en la parte superior e inferior para cortar con prolijidad. Cortar suficientes largos como para cubrir por lo menos una pared. Verificar que en el papel se puedan combinar los diseños. Estos trozos de papel se conocen como "caídas".

Extender las caídas ya cortadas sobre una mesa para encolar. Cubrir toda la superficie de la mesa (de modo que la cola no caiga sobre la cara del papel). Aplicar la cola con una brocha para encolar desde el centro hacia los bordes. Plegar el papel con cola en forma de concertina.

Dejar que las caídas se humedezcan bien y aplicar una capa de cola acuosa a las paredes. Esta técnica se denomina "encolado" y permite colgar el papel con mayor facilidad. También evita que el yeso se humedezca con la cola del papel.

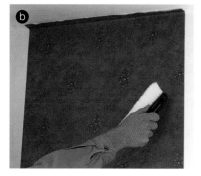

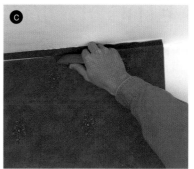

Sostener la primera caída desde el cielorraso y colocarla de manera que quede paralela a la línea ya marcada. Cepillar desde el centro del papel hacia los bordes, con cuidado, para sacar las burbujas de aire atrapadas (b). Continuar con este procedimiento a lo largo de toda la caída. Utilizar un borde recto y apretar con firmeza el papel en la juntura del techo con un cuchillo filoso para que quede prolijo (c). Repetir este proceso en la parte inferior.

Repetir este procedimiento con las otras caídas, observar que los diseños y los bordes coincidan cuando se sacan las burbujas de aire (d). Utilizar una esponja húmeda para retirar los excesos de cola del papel y del cielorraso (e).

DATOS ÚTILES

Herramientas necesarias
Mesa para encolar
Brocha para encolar
Cuchillo
Rodillo para junturas
Tijeras de empapelador
Cepillo para papel
Esponja
Piedra para asentar
Cuerda con plomada
Nivel de burbuja

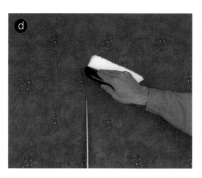

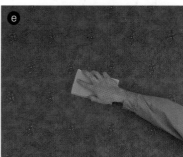

▶ Arreglar los azulejos

Azulejar no es un trabajo tan difícil como cree la mayoría de la gente, pero si se realiza mal, puede resultar un error muy costoso y tener un aspecto desagradable. La clave consiste en tomarse su tiempo y ser paciente. También se deben tener suficientes azulejos de repuesto, ya que cortarlos es un asunto delicado.

Para comenzar, cortar una tabla de 1900 mm de largo. Presentar algunos de los azulejos con los espaciadores, marcar la tabla y utilizarla para medir. Colocar la parte marcada hacia arriba sobre la pared y ubicar los recortes en la parte superior, inferior y en los rincones de la habitación, lo más simétricos posible.

Una vez establecida la posición de comienzo, añadir una tabla horizontal en la parte inferior de la pared y nivelarla con un nivel de burbuja. Fijar otra tabla en forma vertical cerca del rincón de la habitación. Perforar y fijar las tablas con tornillos y espigas (a). Estas tablas definen el lugar que se va a azulejar y actúan como guías durante el trabajo.

Aplicar adhesivo en forma pareja en la pared con una espátula de dientes, cubriendo aproximadamente un metro cuadrado por vez (b). En general, el adhesivo para azulejos de pared viene ya mezclado en tubos grandes.

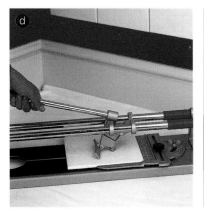

Presionar con firmeza los azulejos sobre el adhesivo, colocando los espaciadores entre los mismos mientras se avanza en la tarea. Cuando todos los azulejos estén pegados, retirar las tablas (c) y colocar los azulejos cortados en todos los bordes.

Con un cortador de azulejos manual se puede realizar el trabajo con menor esfuerzo. Para marcar un azulejo colocarlo boca abajo en el extremo, marcar con un marcador con punta de fibra, sin olvidar los espaciadores. Cortar el azulejo (c). Esparcir el adhesivo en la parte trasera del azulejo ya cortado y colocarlo con cuidado en su posición.

Muchos adhesivos para azulejos también se pueden utilizar como pasta para rellenar (pastina) o se puede comprar en polvo y mezclar con agua para formar una pasta cremosa. El mejor método de aplicación consiste en utilizar una espátula de plástico con el borde de goma, lo cual permite introducir la pastina con facilidad en las junturas (e).

Se deben limpiar los excesos de pastina de los azulejos antes de que endurezca. Utilizar un balde con agua y una esponja húmeda. Pasar un paño seco a los azulejos.

Para terminar el trabajo y mejorar el aspecto de la pastina, frotar las juntas de los azulejos con una juntera para comprimirlas y alisarlas (f). Se pueden comprar junteras o preparar una herramienta similar con un trozo de madera o plástico. Finalmente, volver a lustrar los azulejos con un paño seco.

DATOS ÚTILES

Herramientas necesarias
Cortador de azulejos
Adhesivo para azulejos
Nivel de burbuja
Lápiz
Agujereadora
Tornillos y espigas
(tarugos)
Espátula de dientes
Espátula con goma
Marcador con punta de fibra
Paño limpio

▶ Instalar cornisas y molduras cóncavas

Las cornisas y molduras brindan una mayor dimensión a las habitaciones, las cuales pueden parecer "desnudas" sin ellas. Se pueden conseguir ya hechas, y no son difíciles de cortar y colocar.

Colocar molduras

Cortar un trozo corto de cornisa o moldura. Presentarla y marcar la posición que ocupará sobre las paredes y cielorrasos en cada rincón de la habitación (a). Trazar una línea con una tiza, sujetar un extremo de la moldura en la marca y proyectar una línea hasta la otra marca. Después de marcar toda la habitación, pasar una espátula sobre las líneas marcadas para formar una muesca para el adhesivo. Aplicar una solución de adhesivo PVA y agua a la superficie preparada. Esto evitará que el yeso absorba el agua del adhesivo y en general ayuda en la adhesión.

La moldura ya confeccionada tiene una plantilla de papel para permitir el corte de las juntas (ingletes) internas y externas que se requieren para que la moldura empalme en los rincones. Una forma fácil de cortar ingletes es utilizando un gran taco para ingletes que se puede comprar o fabricar (b). Se requieren cuatro ingletes distintos: internos, derecho e izquierdo; externos, derecho e izquierdo.

El adhesivo se presenta en bolsas de polvo para mezclar con agua. Para preparar la mezcla más rápida y fácilmente se puede adquirir una herramienta mezcladora que se coloca en la agujereadora eléctrica. Utilizar una velocidad baja con la agujereadora para no ensuciar (c). La mezcla debe tener la consistencia de una crema coagulada y se debe aplicar con una espátula o un cucharín (d).

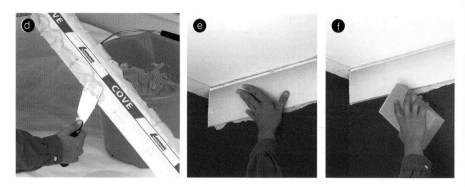

Para cortar buenos ingletes se requiere práctica y experiencia. Sin embargo, no hay que preocuparse si estos no quedan muy bien, ya que las junturas se pueden rellenar y dar forma fácilmente con el exceso de adhesivo. En una cornisa, las junturas se deben llenar con yeso y luego se traza el diseño con una herramienta especial llamada "cucharín de punta fina". Se puede comprar en varias formas y tamaños, pero básicamente tiene el aspecto de una perilla de cajón de acero, con la forma de una cuchara en un extremo (para aplicar el yeso) y de una paleta en el otro (para esculpir).

Al colocar la moldura (o cornisa) en posición, la guía que hay que tener en cuenta es la línea de tiza, ya que esa es la que el ojo verá (e). A menudo, los cielorrasos están desalineados o tienen roturas que se pueden arreglar con adhesivo o yeso, y que después de pintar ya no se notarán. Por lo tanto, no se debe tratar de forzar la moldura o cornisa para que ambas superficies se unan: en lugar de ello hay que mantenerlas derechas y llenar los resquicios.

Retirar el exceso de adhesivo con un cuchillo o una espátula y luego frotar con una esponja húmeda para sacar los rastros del exceso y obtener una terminación lisa (f). Finalmente, como una medida temporaria, colocar algunos clavos en la pared, abajo de la moldura o la cornisa, para mantenerla en su lugar mientras se seca el adhesivo.

PINTURA Y DECORACIÓN

▶ Colocar rieles para cuadros y frisos

Los rieles para cuadros y frisos pueden darle un toque agradable a una habitación y también son muy prácticos ya que se pueden colgar elementos de ellos. Ambos tipos de rieles son muy fáciles de colocar en las paredes.

Marcar la posición deseada para el friso en las paredes. La altura queda librada a la elección del usuario, pero no quedará muy bien si se coloca a más de un metro del piso. Utilizar un nivel de burbuja para trazar una línea alrededor de la habitación (a). La altura de un riel para cuadros es de 300 a 500 mm debajo de la cornisa del cielorraso. Para cortar cualquiera de estos dos rieles se necesita un taco de madera para ingletes y un serrucho de costilla o uno para ingletes. Para unir dos piezas en un rincón, cortar en inglete formando un ángulo de 90°.

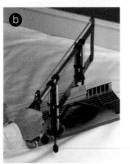

Actualmente, se pueden comprar adhesivos para fijar elementos de madera como estos rieles. Aplicar el adhesivo con la pistola selladora (c) y colocar el riel en su lugar (d). En el caso de una pared moderna, construida con listones de madera y planchas de yeso, utilizar clavos sin cabeza de 50 o 65 mm para clavar los rieles en los listones verticales.

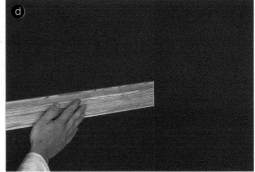

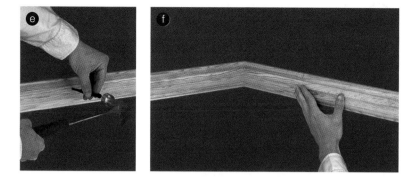

Utilizar un puntero para introducir los clavos en la superficie (e). Rellenar los agujeros de los clavos con masilla.

Con un poco de suerte los rincones de la habitación estarán bien cuadrados y esto permitirá cortar un inglete interior para ajustar las tablas a los mismos con precisión. Otra forma de cortar dos piezas para formar un ángulo interno es cortar un extremo de una de ellas en forma cuadrada, colocarla y luego ajustar la segunda sobre la primera. Para lograrlo, se debe realizar un inglete interior. Luego, cortar con un serrucho el inglete dejando sólo el perfil y así las piezas se ajustarán cómodamente (f). Dos trozos de rieles se pueden unir cortando un inglete de 45° y pegando el primer riel. Luego pegar el segundo sobre el primero con un toque de PVA (g). Reforzar los rincones con uno o dos clavos (h).

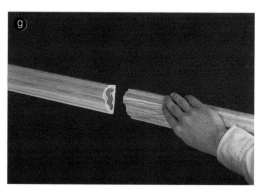

▶ Crear un panel decorativo

Otra forma de embellecer fácilmente las paredes consiste en aplicar paneles decorativos en una o más de ellas.

Dividir la pared en paneles del mismo tamaño utilizando una cinta métrica y un nivel de burbuja (a); marcar cada uno claramente con un lápiz sobre la pared (b). Retroceder y observar que el espaciado de los paneles sea simétrico antes de continuar con la tarea.

Para que el trabajo sea absolutamente perfecto dibujar la pared y los paneles a escala en un papel para gráficos. Con esto se logrará el equilibrio correcto entre las ubicaciones de los paneles antes de transferir las dimensiones a las paredes.

Con un serrucho para ingletes se lograrán cortes precisos en los rieles de madera blanda que se necesitan para colocar los paneles (c). También se puede utilizar una caja para ingletes y un serrucho de costillas para realizar el mismo trabajo.

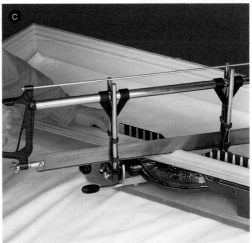

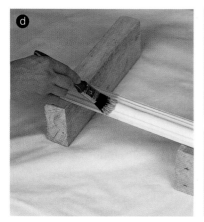
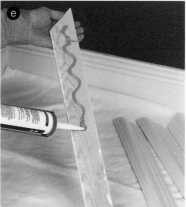

Después de lijar la madera cortada, aplicar sellador con un pincel en los nudos. Este proceso impide que se contraigan y caigan cuando se enciende la calefacción y la madera se seca. Pintar la madera virgen con un sellador antes de aplicar el color elegido. Dejar secar bien la pintura entre capas.

Es recomendable aplicar dos capas de base antes de colocar la última capa de pintura. Utilizar una lija muy fina entre cada capa para eliminar la suciedad y los restos, y obtener una buena terminación.

Para fijar los trozos de madera a la pared, colocar adhesivo especial para trabajar "sin clavos" a lo largo de las varillas y ubicar presionando con cuidado sobre la pared.

DATOS ÚTILES

Herramientas necesarias
Cinta métrica
Nivel de burbuja
Serrucho para ingletes o taco de madera para ingletes y serrucho de costillas
Adhesivo
Goma para madera
Esponja
Lija
Pincel para pintura

¡CUIDADO!

Exceso de adhesivo
Uno de los errores más comunes entre los que se inician en los trabajos de Hágalo usted mismo es colocar demasiado adhesivo para unir las varillas de madera. Si éste se desliza por abajo de los paneles sobre las paredes resultará una verdadera pesadilla limpiarlo y el trabajo quedará con un aspecto muy desagradable.

Unir los listones para completar el panel colocando adhesivo PVA en los ingletes.

Si el trabajo se realizó con cuidado, los ingletes cortados deben ajustarse perfectamente. Sin embargo, si esto no sucede, utilizar relleno para madera para cubrir las aberturas, aplicándolo con la punta del dedo en los ingletes (g). Limpiar el exceso de relleno con una esponja húmeda.

Repetir el proceso descrito en todas las paredes en las que se desea colocar paneles. Dejar que el adhesivo se seque por completo y luego frotar ligeramente con la lija. Aplicar la última capa de pintura (h).

DATOS ÚTILES

¿Quedará bien?
Hay que pensar mucho el estilo de los paneles antes de comprarlos. Se deben elegir paneles que combinen con los zócalos, cuadros o rieles para frisos de las paredes. La misma consideración se debe tener con las cornisas y molduras existentes.

Guías de estilos

Para imitar con los paneles un período histórico en particular, solicitar al proveedor una explicación sobre los diferentes estilos de arquitrabe disponibles y consultar en sitios de Internet y revistas de decoración hogareña sobre las tendencias del momento.

Para que los paneles se luzcan más, se puede probar con alguna alternativa de decoración que los destaque de la pared que los rodea. Para que contrasten con el color principal de la pared se puede elegir otro color, papel para paredes con diseños impresos, una serie de paisajes en varios paneles, o quizá un efecto *trompe l'oeil*.

Los paneles de lengüetas y ranuras resultan adecuados para cubrir paredes con una mala terminación o azulejos viejos difíciles de remover. Actualmente, existen algunos diseños muy modernos en el mercado. Uno muy tradicional es el diseño Victoriano. Como una alternativa menos costosa colocar secciones de paneles armados con hojas MDF (o similares).

¿Quiere saber más?

Pase al siguiente nivel...

Remítase a...
- **Reparación de ventanas** - páginas 102-3
- **Reemplazar zócalos** - páginas 80-1
- **Arreglar una cerca** - páginas 156-7

Dispositivos

y accesorios

Hacer algo uno mismo es sinónimo de mejoras en el hogar, algunas de las cuales se pueden realizar mediante la instalación de nuevos dispositivos y accesorios o adaptando los existentes. En este capítulo le mostramos cómo mejorar las cosas o sacar mejor provecho de ellas.

▶ Colgar cuadros y construir un marco simple

Uno de los trabajos más fáciles es colgar cuadros, pero para que resulte más interesante proponemos construir los marcos antes de hacerlo.

Construir el marco de un cuadro

Para que el cuadro o el grabado tengan un toque diferente se les puede colocar un marco de un color contrastante. Esto resulta muy útil si se desea que el cuadro sea el punto de atención. La vista es atraída naturalmente hacia la obra de arte. Cortar el marco y distinguir el trozo que se desea retirar para que el cuadro quede más expuesto. Realizar el recorte con un cortador en escuadra o una escuadra de metal y un cuchillo (a). También se pueden adquirir marcos ya cortados en los comercios especializados.

Cortar el marco para el cuadro utilizando una caja para ingletes, calculando el corte del inglete exterior en cada sección (b). Pegar y clavar para unir los cuatro lados; esta tarea se puede realizar con grampas angulares (c). Colocar el vidrio, el marco con el cuadro y la parte de atrás (se puede armar con un cartón); luego, sujetar la misma con las grampas (d).

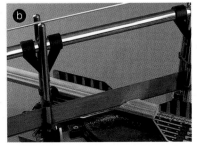

DISPOSITIVOS Y ACCESORIOS

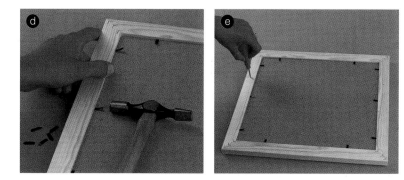

Utilizar un punzón para marcar los agujeros en la parte trasera del marco, para luego atornillar las corchetas (e) y pasar la cuerda o el alambre del cuadro por las mismas para colgar la obra de arte en el gancho de la pared.

Para colgar una pintura o un tapiz muy pesado, el accesorio deberá ser resistente. Primero hay que decidir el lugar en el que se va a colgar. Luego, para mantener el cuadro seguro en su lugar, utilizar una agujereadora con mecha para mampostería (f) (esta debe tener el tamaño de la espiga que se colocará en la pared) o un tornillo convencional de 50 mm (2 pulgadas), dejando fuera de la pared el 25% de su longitud para poder colgar la obra de arte; o un gancho grande atornillado en la espiga.

Para colgar los cuadros y grabados con un peso convencional se pueden comprar ganchos y mechas para mampostería en cualquier comercio especializado y se colocan martillándolos suavemente en la pared (g).

En lugar de ganchos y clavos se pueden colocar ganchos plásticos con cuatro sujetadores más pequeños. Se consiguen en cualquier comercio especializado y se colocan como los ganchos convencionales (h).

▶ Colocar rieles y barrales

A menudo, después de decorar, es conveniente renovar los antiguos barrales de las cortinas. Alternativamente se pueden reemplazar los rieles existentes por algunos más decorativos.

Colocar un barral

Un barral de madera tiene dos soportes redondos (puntales) en los que queda suspendido. Estos soportes poseen agujeros en el medio para fijarlos a la pared. Primero hay que fijar un punto sobre el centro de la ventana desde donde se desea que cuelgue la cortina, por ejemplo 100 mm. Marcar la línea con un trozo de madera y un nivel de burbuja. Después de trazar la línea hay que decidir dónde se colocarán los soportes. Medir el barral y dividir la longitud en cuatro. Medir la longitud de uno de los lados desde el centro y marcar. Repetir del otro lado y ya estarán marcados los puntos de fijación.

Los tornillos deben tener el largo suficiente para atravesar el soporte y la mampostería, al igual que el yeso, más la profundidad del agujero de fijación del soporte. Perforar los agujeros e insertar las espigas.

DISPOSITIVOS Y ACCESORIOS

50

Colocar los soportes redondos en la pared (a). Luego, fijar con tornillos el soporte de madera en forma de anillo a esta base (b).

Pasar el barral por estos anillos y las argollas para colgar la cortina, espaciándolas en forma pareja a lo largo de todo el barral. Por último, colocar los topes en los extremos del barral, asegurándolos con pequeños tornillos.

Colocar un riel para cortinas

Generalmente, cuando se compra un riel para cortinas viene provisto de la suficiente cantidad de soportes como para sostener y cubrir en forma espaciada su longitud. Medir el riel y cortarlo a la medida de la ventana. El procedimiento es el mismo que con el barral: marcar la altura adecuada sobre la ventana para colgar la cortina.

Atornillar cada soporte a lo largo del riel (d). Este se coloca a presión sobre los soportes, comenzando por uno de los extremos (e). Después de fijar el riel, colocar los ganchos deslizadores en el mismo. Presionar y atornillar los topes de los deslizadores (f). Colgar la cortina en los ganchos deslizadores.

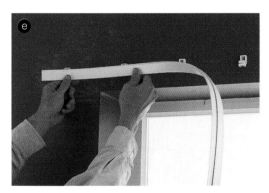

▶ Colocar un marco para la chimenea

Un marco para la chimenea se puede utilizar para realzar un artefacto existente o como elemento decorativo de "imitación" en una pared que no tenga nada.

DATOS ÚTILES

Herramientas necesarias
Cinta métrica
Nivel de burbuja
Destornillador
Agujereadora
Mecha pilot
Pistola para masilla

No es necesario colocar un marco alrededor de las terminaciones de la chimenea, se lo puede colocar directamente sobre la pared. Sin embargo, esta debe ser una pared que dé al exterior si se pretende colocar un quemador de gas adentro del marco. Si se desea que la terminación de la chimenea combine con el marco, se puede construir una de imitación e instalar el marco en ella. Si la chimenea ya tiene una terminación, este es el lugar para colocar el marco.

El marco que se muestra en las fotografías de estas páginas es solamente decorativo y se puede colocar sobre la pared o la terminación de la chimenea. Este marco viene en un kit, con un marco de pino e imitación de mármol en el interior.

Comenzar colocando una marca en el centro de la pared y del interior del hogar de manera que queden alineados (a). Colocar el centro hacia abajo, sobre un papel, aplicar adhesivo o masilla siliconada al marco (b), y colocarlo en posición utilizando las marcas de alineación (c). Luego, verificar si está nivelado.

Colocar la repisa de la chimenea con la parte superior hacia abajo, ubicar los laterales en posición y atornillar el taco de madera en el interior de la repisa (d). Para asegurar los laterales, chequear que estén en escuadra con la repisa y luego atornillarlos en su lugar con tornillos de 35 mm.

Para colocar con facilidad este marco en la pared, sujetar dos láminas espejadas con tornillos en los bordes traseros de los laterales, a 230 mm de la parte superior (e). Luego colocar la imitación de

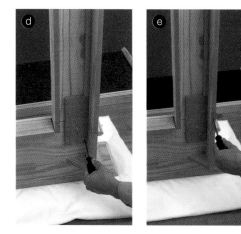

mármol en el marco como se muestra en la foto, con tornillos separados por 380 mm (f). Perforar agujeros para los tornillos a fin de evitar daños y roturas.

Sostener el marco sobre la pared y marcar la posición de los tornillos a través de las láminas espejadas (g). Retirar el marco, agujerear la pared, colocar las espigas y fijar el marco con tornillos.

Para completar el trabajo, colocar la tapa interior en su lugar para cubrir la pared de atrás y lograr una terminación prolija (h).

▶ Colocar estantes

Este es uno de esos trabajos que la mayoría de las personas considera que es muy fácil. Sin embargo, hay muchos detalles visibles en la instalación de estantes y cuando están mal puestos siempre es muy desagradable.

Lo primero que se debe determinar es qué clase de peso se colocará sobre los estantes que se desea instalar y construirlos según esta idea.

El sistema de estantes que se muestra en esta página es un sistema ajustable, hecho con acero dulce, que consiste en secciones montadas con ménsulas en ángulo que se colocan sobre los tirantes para formar estantes muy resistentes.

Lo primero que se debe hacer es colocar los soportes verticales nivelados y en forma paralela. Para lograrlo hay que sujetar la parte superior sin ajustar el tornillo, verificar la verticalidad con un nivel de burbuja, marcar y fijar el tornillo inferior. Verificar que la varilla esté nivelada cuando está contra la pared y utilizar trozos del embalaje en la parte trasera de los soportes para ajustar, si es necesario. Atornillar bien en todos los puntos de fijación de la varilla vertical.

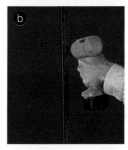

Utilizar el nivel de burbuja para nivelar la segunda varilla con la primera (a) y repetir el proceso de fijación (b).

Colocar los soportes de los estantes a la altura deseada, luego cortar los estantes y unirlos a las ménsulas por la parte inferior de las mismas (c).

El otro sistema que se muestra aquí consiste en estantes ya preparados con las posiciones para fijarlos ocultas a la vista. Este sistema se conoce como "marco tipo escalera" y permite instalar los estantes muy fácilmente.

Marcar la ubicación de los estantes con un nivel de burbuja en los tres lados del nicho, cortar una tabla del largo necesario y colocar en la pared con tornillos y espigas (tarugos) (d).

Luego, colocar las otras dos tablas utilizando el mismo método (e). Cortar la cuarta tabla del mismo largo y fijarla a las dos tablas laterales con dos tornillos (f). Cortar y fijar el soporte central. Los tornillos traseros se deben colocar en ángulo (g), los delanteros de la forma normal. Para obtener más resistencia utilizar goma PVA en los puntos de fijación. El ancho del estante determinará la cantidad de soportes centrales necesarios y esta es la razón del nombre "marco tipo escalera". Para decirlo simplemente, cuanto más ancho sea el estante, más soportes centrales se requerirán y así la estructura parecerá una escalera.

Cortar la madera para el estante, midiendo desde el frente del mismo hasta la pared y luego colocarlo en su lugar con goma PVA y clavos, o desde la parte inferior con tornillos para tapar las uniones.

Finalmente, para terminar el borde delantero utilizar un trozo de moldura de madera, pegada, clavada o atornillada desde la parte de abajo del estante para tapar las uniones (h).

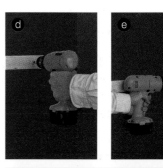

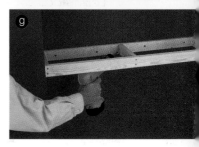

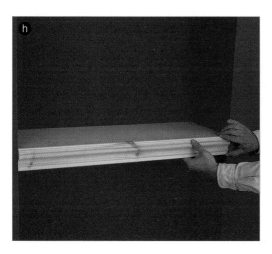

▶ Armar estanterías

Cuando se trata de armar estanterías, pueden presentarse dificultades. Sin embargo, los principios básicos se aplican para la mayoría de estos accesorios y están al alcance de todos aquellos que intentan "hacerlo por sí mismos".

Lo ideal es armar las estanterías en un banco de trabajo, siempre que los elementos no sean demasiado grandes y se pueda trabajar allí. Si este es el caso, o no se cuenta con un banco de trabajo, buscar un lugar amplio con piso duro como se muestra aquí. Leer las instrucciones con atención y reunir las herramientas necesarias antes de embarcarse en el armado de las estanterías.

En estas páginas mostramos dos ejemplos: un sistema de almacenamiento de madera con estantes y una estantería para la cocina. Un sistema de estantes es fácil de armar y es una buena forma de comenzar. Unir dos de los soportes verticales a los estantes de arriba y abajo colocando los tornillos del equipo en los agujeros ya perforados (a). Girar el sistema de estantería y unir los dos soportes restantes como se indica arriba (b). Luego, insertar simplemente los estantes restantes a las alturas deseadas y atornillar en las posiciones ya perforadas.

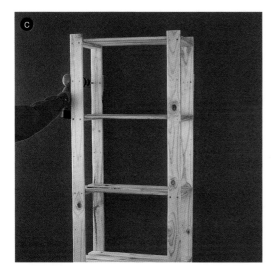

Girar la estantería y ajustar los tornillos de los estantes.

Colocar la estantería contra una pared para evitar que se caiga si la golpean (c).

Casi todas las estanterías para cocina son variedades del mismo tema. Se necesitan las mismas herramientas y habilidades para armar cualquiera de los modelos que se compre. Aquí, mostramos cómo armar una unidad básica de 500 mm.

DATOS ÚTILES

Herramientas necesarias
Destornillador
Pinza
Martillos
Nivel de burbuja
Cinta métrica

D I S P O S I T I V O S   Y   A C C E S O R I O S

¡CUIDADO!

Daños colaterales

Muchas estanterías están construidas con materiales relativamente poco costosos y se pueden deteriorar muy fácilmente. A menudo, las superficies de vinilo blanco o laminadas tienen interiores de madera barata, los cuales se desintegrarán si se atornillan con demasiada fuerza o se partirán con la presión de un tornillo mal alineado. ¡Tenga cuidado cuando las arma!

Abrir y unir una unidad por vez, luego unirlas todas para completar la cocina. A continuación, fijar la parte superior y finalmente colgar las puertas.

Colocar el panel lateral sobre el banco de trabajo o sobre el piso. Aplicar goma PVA a las espigas y martillarlas en su lugar (d) (ver página 57 abajo). Atornillar la parte superior e inferior en los lugares indicados. Repetir el proceso con el segundo panel.

En este caso los rieles de conexión de los paneles superior e inferior tienen posiciones ya perforadas para fijar los pernos que cuentan con una flecha indicadora. Esta debe señalar el borde exterior (e). Aplicar goma a las espigas (tarugos), colocar los extremos de los paneles y los rieles para unirlos en posición y ajustar los pernos (f).

58

Unir el segundo panel lateral utilizando el mismo método.

Para fijar el panel de atrás, primero colocar un poco de goma a lo largo de ambas ranuras y luego deslizar el panel trasero sobre ella. Perforar dos agujeros pequeños en el riel superior y fijarlo con dos tornillos de 15 mm. Limpiar el exceso de goma de pegar con un paño húmedo.

Colocar el armario invertido y fijar las patas ajustables atornillando las cuatro bases con tres

tornillos en cada una de ellas. Finalmente, atornillar las patas ajustables (g). Colocar el armario sobre las patas y verificar que éstas estén firmes y el armario estable. Chequear si está nivelado con un nivel de burbuja. Insertar los soportes de los estantes a la altura requerida (normalmente hay varias alturas), inclinar y deslizar el estante hacia adentro del armario (h).

▶ Adaptar una alacena para tener más espacio

Una de las grandes ventajas de poder realizar trabajos por uno mismo es que se pueden mejorar los elementos ya existentes y ahorrar mucho dinero al hacerlo. Aprovechar una alacena que se encuentra debajo de una escalera es un trabajo provechoso y una mejora para la casa que ofrece un valioso espacio extra para almacenar.

Decidir qué se desea almacenar en la alacena, medir el espacio (a) y dibujarlo en una hoja de papel dividiéndolo en sectores para almacenamiento eficiente.

Fijar una tabla de madera en la parte inferior de la escalera y una segunda en el piso para colocar un panel divisorio (b). Agujerear los paneles con anterioridad y embutir los tornillos. Agregar una gota de goma PVA para reforzar.

DATOS ÚTILES

Herramientas necesarias
Cinta métrica
Serrucho
Escuadra
Nivel de burbuja
Agujereadora
Mechas para mampostería
y para madera
Martillo
Destornillador

Verificar la nivelación de la división con un nivel de burbuja (c).

Para colocar uno o más estantes, fijar la cantidad de tablas requeridas en ambos lados utilizando el nivel de burbuja para que queden al mismo nivel. Los estantes deben ser de una madera de 18 mm de espesor (d). Para reforzar el estante se puede colocar una tabla en la parte delantera inferior del mismo y otra en la parte posterior de la alacena.

Cortar dos rieles laterales de 50 x 50 mm y contornear el zócalo, si es que el mismo debe quedar en su lugar.

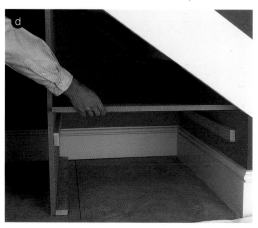

Fijar los rieles con tornillos y espigas (tarugos).

Utilizar dos rieles de 50 x 25 mm para la parte superior e inferior del marco y atornillarlos del lado de abajo y en el piso de la escalera (e).

Para armar la puerta de la alacena cortar un trozo de madera terciada con la forma de la abertura. No medir la puerta demasiado ajustada ya que la madera se expande y se contrae en las casas con calefacción central y la misma por lo tanto puede quedar trabada. Para colocarla se pueden utilizar bisagras embutidas ya que es una puerta para alacena y no se utilizará con tanta frecuencia (f). Para completar el trabajo, colocar el picaporte y un par de imanes (g).

Si se desea darle una terminación más decorativa a la puerta de la alacena,

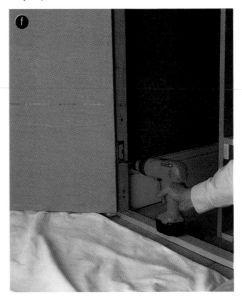

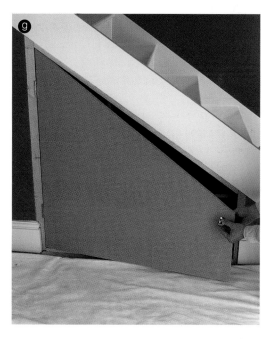

colocar una moldura de pino para formar paneles antes de comenzar a pintarla. Las formas de las molduras se deben trazar primero sobre la puerta. Cortar con una sierra caladora si el diseño tiene curvas y luego pegar las molduras sobre la puerta con un adhesivo resistente.

Dejar secar por completo antes de pintar la puerta y finalizar el trabajo.

DISPOSITIVOS Y ACCESORIOS

63

▶ Instalar puertas corredizas para guardarropas

Las puertas corredizas resultan sumamente útiles ya que ahorran espacio y ofrecen la posibilidad de tener más lugar para guardar elementos. Le pueden dar mayor profundidad a un dormitorio si están construidas con materiales nobles y equipadas con espejos. Un sistema básico no resulta difícil de instalar.

En los comercios especializados se pueden comprar distintos equipos ya preparados de sistemas de puertas deslizantes para guardarropas, al igual que los sistemas de rieles independientes para varias puertas del tipo estándar o algunos para diseños propios. Aquí presentamos cómo armar un equipo de rieles y puerta muy simple, y que funcionará muy bien en cualquier guardarropa estándar.

Utilizar una cinta métrica y un lápiz (a) para marcar las dimensiones del guardarropa en las paredes y en el cieloraso, con la ayuda de un nivel de burbuja. La profundidad mínima del guardarropa debería ser de 600 mm y la altura del piso al techo de 286 mm. Si el cielorraso se encuentra a más de 286 mm será necesario bajarlo construyendo un falso cielorraso hasta obtener esa altura.

DATOS ÚTILES

Herramientas necesarias
Agujereadora
Sierra para metales
Serrucho de costillas
Destornillador
Nivel de burbuja
Cinta métrica
Martillo

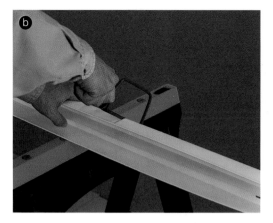

No se debe elevar el riel inferior sobre el nivel del piso

Cortar los rieles del cielorraso y del piso del ancho de la abertura para alinearlos con las paredes (b). Los zócalos se pueden cortar para que las puertas cierren contra la pared o se puede colocar una tabla en la pared. Fijar el riel del techo a través de las juntas del mismo, pero si esto no es posible, fijarlo con sujetadores para yeso (c). Al colocar el riel del cielorraso se debe calcular una franja de 10 mm de espesor.

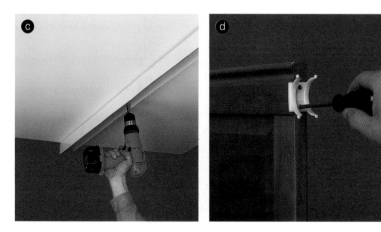

Colocar las guías superiores de las puertas con el destornillador y los tornillos del equipo, como se muestra en el extremo de los rieles (d) (ver página 65, parte inferior derecha). Colocar primero la puerta corrediza de atrás en la guía posterior del riel superior. Para ello, se debe inclinar la puerta acercándola al riel superior y alejando la parte inferior de la puerta del riel inferior (e).

DATOS ÚTILES

Ruedas giratorias

Algunas puertas de los guardarropas tienen rueditas de plástico en los deslizadores para ayudar en la tracción y a que se deslicen con más suavidad. Durante la instalación, se pueden desalinear con mucha facilidad o se puede colocar una de las ruedas en una parte equivocada del riel. Una vez que se colocó la puerta en su lugar, resulta bastante difícil sacarla, así que se debe tener mucho cuidado durante la instalación inicial.

Una vez que las guías superiores estén en su lugar, colocar la parte inferior de la puerta en la guía del riel posterior. Utilizar un nivel de burbuja contra la puerta para verificar la posición correcta del riel inferior (f). Una vez que este se encuentre alineado, fijarlo con los tornillos contra el piso del dormitorio, teniendo cuidado de que no se deslice al hacerlo. Comprobar que las puertas se deslizan suavemente y realizar cualquier corrección que sea necesaria.

Cortar la tira de madera del largo necesario. Limpiar el frente del riel del techo con un solvente (alcohol fino) y dejar secar. Los frentes de madera listos para colocar vienen provistos de tiras adhesivas. Retirar el papel protector de la parte posterior y colocar la tira de madera sobre la parte delantera del riel del cielorraso, presionando para que se adhiera bien (h).

Instalar una escalera en la bohardilla

Si se utiliza la bohardilla como lugar de depósito, una escalera resultará muy útil. También si hay que acceder al tanque de agua fría.

Generalmente, este tipo de escaleras están preparadas para tres alturas de cielorrasos: 2,3 m; 2,5 m; y 2,9 m. Normalmente operan con un sistema de deslizamiento y pliegue, o son del tipo plegable, pero estas últimas resultan un poco más complicadas y tienden a trabarse. Algunas de estas escaleras tienen una barandilla ya incorporada. La que se presenta en estas páginas es una escalera deslizante con barandilla.

DATOS ÚTILES

Herramientas necesarias
Destornillador
Agujereadora
Mecha pilot
Cinta métrica
Serrucho de mano

¡CUIDADO!

¿Hay espacio suficiente?
Antes de comprar la escalera para la bohardilla es importante tomar una serie de medidas, tanto en la abertura como en el interior de la bohardilla, para asegurarse de que la elección será adecuada. Las bohardillas tienen diferentes formas y tamaños, por lo tanto no existe una adaptación estándar. Comprobar que la entrada y la bohardilla tengan un espacio suficiente para la instalación de la escalera.

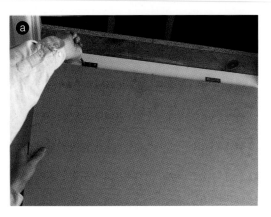

Quizá no sea exactamente la escalera de su elección, pero el principio es el mismo y, de cualquier modo, cada escalera viene con sus instrucciones de colocación. La puerta de la bohardilla debe tener las bisagras colocadas de manera que se pueda abrir hacia abajo para poder colocar las bisagras de la escalera del mismo lado (a). La puerta debe estar hecha de madera terciada o similar y debe estar nivelada con el cielorraso.

Colocar la escalera en el piso. Ubicar los gatillos (pestillos) y verificar que se encuentren bien trabados. Fijar la guía de montaje de la escalera en el marco con los tornillos provistos (b) y (c). Verificar que el ángulo de ascenso sea el correcto, consultando el indicador del lateral de la escalera. Deslizar hacia abajo los dos topes de plástico de la guía de montaje y ajustar los cuatro tornillos (d).

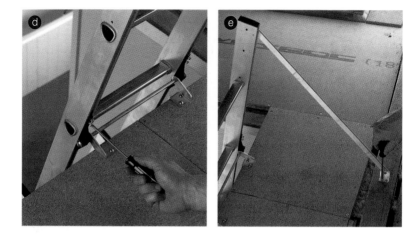

Esto brindará la seguridad de que la escalera se encuentra siempre en la posición correcta para subir a la bohardilla.

Fijar el brazo de sostén en el piso de la bohardilla (e). Cerrar las tres secciones, verificar que los gatillos se encuentren en posición y subir toda la escalera a la bohardilla. Deslizar los dos topes de plástico hacia el interior de la guía de montaje y ajustar los cuatro tornillos (f). Con esto se asegura que la escalera quede plegada al cerrar la puerta de la bohardilla. Colocar las barandillas en cada lateral, en la parte central o en la superior (g).

¡CUIDADO!

Ajustar bien
Hay que tener cuidado cuando se baja por primera vez la escalera: puede caer sobre la cabeza. Ajustar la parte del deslizamiento si fuera necesario.

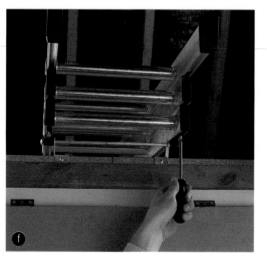

La puerta de entrada
Algunas bohardillas tienen puertas de difícil acceso que no son adecuadas para la instalación descripta en estas páginas. Si esto es así, es necesario pensar en rediseñar la puerta de entrada o colocar una nueva, es decir una que se abra hacia abajo y permita deslizar las bisagras fijas de la escalera.

La cerradura automática de la puerta debe colocarse en el centro del marco y opuesta a las bisagras de la misma (h). La cerradura se debe trabar con el peso de la puerta.

Enganchar el marcador puntiagudo en la cerradura y cerrar la puerta. La posición correcta para fijar la placa para que la escalera haga tope es la que queda marcada cuando se cierra la puerta. Este punto se puede verificar abriendo y cerrando la puerta (i).

DISPOSITIVOS Y ACCESORIOS

71

▶ Colocar un piso laminado

Los pisos de madera laminados se popularizaron mucho en los últimos años y se pueden comprar en kits en los comercios especializados. Vienen en varios estilos y son de fácil colocación y poco costosos.

Primeramente, arreglar el piso existente y atornillar las maderas flojas. Verificar las tuberías antes de fijar las tablas sueltas. Para colocar los tornillos utilizar una agujereadora y una mecha para avellanar.

La mejor forma de comenzar es retirando los zócalos antes de empezar a colocar el piso nuevo. Se puede poner el piso dejando los zócalos como se muestra aquí con una luz de 8 mm desde el zócalo en todo el contorno del piso.

Los nuevos pisos laminados traen un rollo de espuma de goma de aproximadamente 6 mm de espesor (a), la cual se corta del tamaño adecuado y se coloca sobre el piso existente (b)

Instalar la primera tabla contra la pared dejando una separación de 8 mm entre ambas, mediante separadores de madera ya cortados (c). Para cortar un sector simplemente se debe medir (recordar la separación de 8 mm), marcar con una escuadra y cortar con un serrucho (d). Señalar la superficie con un cuchillo antes de cortar con el serrucho para evitar roturas. Los recortes se pueden utilizar para rellenar los rincones, por lo tanto el desperdicio de materiales es mínimo. Obviamente que no vale la pena utilizar los recortes demasiado cortos.

Aplicar la goma de pegar sólo en las lengüetas y completar la primera línea. Aplicar la segunda hilera de tablas colocando el adhesivo en los extremos y en todo el largo de las mismas (e). El piso tiene un diseño de tablas con lengüetas y ranuras (machimbre) para una mayor resistencia y un mínimo desgaste.

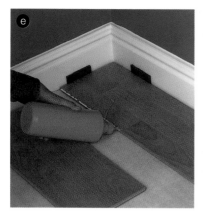

Después de colocar cada tabla en la lengüeta con adhesivo hay que golpearla suavemente con un martillo y un trozo de madera para unir las juntas (f). Limpiar el exceso de adhesivo (g).

Continuar con este procedimiento en toda la habitación hasta terminar de colocar todo el piso. La última tabla se debe cortar a lo largo para que calce en la habitación (dejar espacio para los separadores de madera). Cuando el piso esté terminado, dejar secar por lo menos 6 horas para que el adhesivo se cure en forma adecuada. Luego, retirar todos los espaciadores de madera. Esto es muy importante para permitir que el piso se expanda y se contraiga sin problemas. Cortar un cuadrante de 20 mm, colocarle una capa fina de adhesivo y pegarlo sobre el zócalo para cubrir el espacio, pero dejando que el piso tenga movimiento (h).

DATOS ÚTILES

Herramientas necesarias
Tijeras
Cinta métrica
Lápiz
Serrucho
Conjunto de escuadras
Cuchillo
Martillo
Taco de madera
Espaciadores

▶ Colocar azulejos de vinilo en el piso

Estos azulejos no son difíciles de colocar, pero es necesario tener sumo cuidado para obtener un buen resultado.

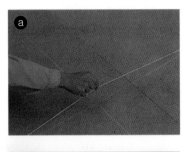

Los azulejos de vinilo son mucho más fáciles de utilizar que sus predecesores de linóleo u otros materiales similares. En el caso de los pisos de tablas de madera convencionales es necesario cubrirlos primero con *hardboard* o madera terciada de 6 mm. Esta última es la mejor opción, ya que no es mucho más costosa que la anterior, pero queda mejor. Colocarla con clavos de 25 mm.

Normalmente los azulejos de vinilo son autoadhesivos, pero se deben guardar en la habitación durante un par de días para que se aclimaten a la temperatura ambiente. Marcar el centro de dos paredes opuestas y unirlos con una línea de tiza o una cuerda (a). Repetir este procedimiento en las otras dos paredes opuestas para obtener el punto central. Colocar algunos azulejos en este lugar, sin retirarles el papel protector, para observar la mejor manera de pegarlos con el menor desperdicio y equilibrando los bordes ya cortados.

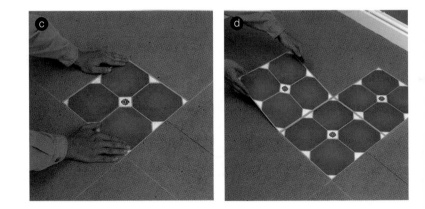

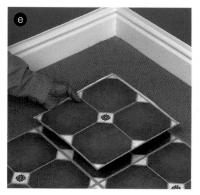

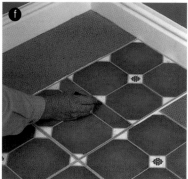

Marcar la posición de comienzo. Levantar los azulejos y pasar nuevamente la aspiradora al piso. Retirar el papel protector del primer azulejo (b) y colocarlo sobre las marcas, presionando con las manos para alisar (c). Repetir este procedimiento concentrándose en una mitad del piso, formando una pirámide y uniendo con cuidado los bordes (d).

Para finalizar en los bordes, apoyar un azulejo en la pared sobre el último que se colocó (e) sin retirarle el papel protector y marcar el azulejo pegado (f). Pasar las marcas al azulejo para cortarlo con un cuchillo filoso y una regla (g). Finalmente, cortar los bordes desprolijos de los azulejos con el cuchillo y la regla.

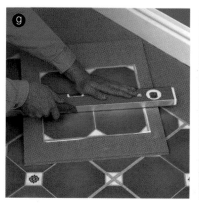

▶ Colocar azulejos cerámicos en el piso

Los azulejos cerámicos del piso pueden ser muy costosos, pero le dan un toque de distinción a la habitación. Una consideración que hay que tener en cuenta es que pueden ser muy fríos para pisar descalzo. Sin embargo, es posible instalar calefacción bajo el piso antes de colocarlos.

Marcar el centro de las cuatro paredes y dibujar una línea con tiza para dividir el piso en cuartos. Colocar los azulejos cerámicos secos en uno de los cuatro cuartos, luego marcar el piso para colocar dos tablas de madera. Es importante que las dos tablas estén en perfecta escuadra. Verificar esto con el método 3; 4; 5. Marcar una tabla a los 3 pies (915 mm) y la segunda a 4 pies (1220 mm), la distancia entre los dos puntos debe ser 5 pies (1520 mm). La esquina debe estar en perfecta escuadra, fijar las tablas y aplicar el adhesivo de a un metro por vez con el fratás dentado (a).

Presionar los azulejos sobre el adhesivo, comenzando por la esquina. Utilizar espaciadores entre los azulejos para que las juntas queden del mismo tamaño (b). Utilizar un nivel de burbuja para verificar que los azulejos estén alineados (c). Repetir este procedimiento hasta cubrir toda el área del piso. Dejar 24 horas para curar y luego retirar con cuidado las tablas para cortar los bordes de alrededor.

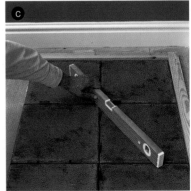

Medir el espacio que queda entre el azulejo cerámico y la pared, para pasar esta medida al azulejo que se debe cortar (d). Dejar espacio para colocar los espaciadores y cortar con un cortador para azulejos mecánico (e). Colocar adhesivo en la parte trasera del azulejo y ubicar en su lugar. Verificar que los bordes de los azulejos estén alineados con el resto del piso azulejado.

Colocar pastina a prueba de agua sobre el piso azulejado con un aplanador de goma, retirar el exceso con una esponja húmeda (f). Comprimir y dar forma a las juntas si es necesario. Cuando la pastina se haya curado, limpiar y lustrar con un paño seco.

Finalmente, aplicar masilla sintética entre el piso y las paredes como sellador.

DATOS ÚTILES

Herramientas necesarias
Destornillador
Cinta métrica
Martillo
Lápiz
Fratás dentado
Aplanador de goma
Esponja
Cortador para azulejos

¿Quiere saber más?

Pase al siguiente nivel...

Remítase a...
• **Instalar luces de pared** - páginas 142-5
• **Pulir pisos** - páginas 86-7
• **Puertas de alacenas** - páginas 90-3

Otras fuentes
• **Revistas**
Leer la mayor cantidad de revistas de decoración para obtener ideas.
• **Folletos**
Los folletos y volantes pueden brindar inspiración.

Arreglos

generales

Realizar trabajos en casa no sólo significa embarcarse en nuevos proyectos y crear cosas de la nada, también implica el mantenimiento y el arreglo de los artefactos existentes para mantenerlos en las mejores condiciones posibles. En este capítulo le mostraremos cómo.

▶ Reemplazar y arreglar zócalos

Los zócalos son fundamentales para que las paredes luzcan completas. Cubren la junta entre la pared y el piso, y también funcionan como elemento decorativo. Habrá momentos en los que se deberán arreglar o se deseará cambiarlos.

Arreglo de zócalos rotos

En algunas ocasiones es posible cortar un trozo de zócalo y reemplazarlo *in situ* sin tener que retirarlo todo. Para hacerlo, primero se debe colocar la hoja de un pequeño cincel en la parte trasera del zócalo. Separarlo un poco para colocar la palanca y un trozo de madera atrás de la misma para proteger la pared cuando se ejerza fuerza. Colocar algunos trozos de madera atrás del zócalo para mantenerlo alejado de la pared (a). Ubicar un taco de madera para cortar ingletes contra el zócalo y utilizando la ranura de 45° cortarlo con un serrucho, dando golpes cortos (b). Repetir este procedimiento del otro lado y retirar el trozo roto del zócalo.

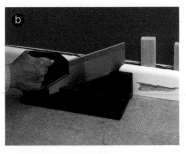

Sacar las cuñas de madera y embutir y atornillar el zócalo en su lugar con espigas para pared. Medir la longitud o utilizar el trozo roto como modelo (dejar un poco más de largo para los cortes del serrucho). Comenzar a presentar los clavos y agregar un poco de adhesivo PVA. Sostener en posición y clavar los clavos (c). Utilizar un punzón para introducir los clavos y un paño húmedo para limpiar el exceso de goma. Usar un sellador en los agujeros de los clavos y en las juntas, y dejar secar. Lijar, preparar, aplicar la base y pintar para lograr un arreglo exitoso. Este método se conoce como "empalme".

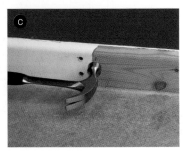

Reemplazar zócalos

Para sacar el zócalo completo hay que repetir el procedimiento mencionado arriba, moviendo la palanca y desprendiéndolo desde el centro (d). Una vez que se suelta la primera sección el resto lo hará fácilmente.

Para realizar un buen trabajo de reemplazo se necesitará un serrucho para ingletes, el cual resultará muy útil también para otras tareas. Si las esquinas interiores de las paredes están en perfecta escuadra es posible realizar un corte interior en inglete realmente justo y profesional (e). Sin embargo, se requiere cierta práctica para dominar un serrucho para ingletes. A veces es posible arreglar los zócalos directamente en la mampostería o los ladrillos con mechas para mampostería, pero el sistema de tablas de madera resulta más fácil (f).

Se debe cortar, pegar y clavar un inglete externo verificando que quede en perfecta escuadra y con la junta bien cerrada (g). Para obtener una mayor resistencia, colocar un par de clavos en el inglete (h).

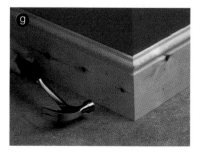

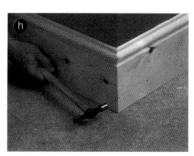

▶ Arreglar y reemplazar tablas del piso

Quizá el trabajo de sacar y reemplazar las tablas del piso resulte un poco atemorizante, pero en realidad no es tan difícil como parece. En algunas ocasiones es posible reemplazar partes de las tablas sin tener que levantar todo el piso.

Primero, hay que recordar que casi todos los pisos de madera (del tipo con tablas) son pisos suspendidos. Esto significa que las tablas están fijas (generalmente clavadas) en un armazón de vigas de madera, el cual está sostenido y suspendido por pequeños ladrillos para pared. Este tipo de pisos tienen respiraderos en la parte delantera y trasera de la propiedad para permitir la circulación de aire, lo cual evita la humedad y otros problemas muy comunes.

Durante un tiempo, mientras la savia de las tablas se seca, estas se contraen y se separan. En el invierno pueden provocar molestas corrientes de aire y depósitos de polvo sobre los muebles. Los pisos de los niveles superiores de la casa no se ven afectados de este modo ya que están colocados de manera que no necesitan ventilación.

Si la propiedad tuvo calefacción central o se cambiaron las instalaciones de electricidad, al levantar las alfombras las tablas se verán en mal estado. La mayoría de los plomeros y electricistas, si se los apura en su trabajo, no prestan mucha atención a las tablas, en especial si están cubiertas por otros elementos.

82

DATOS ÚTILES

Herramientas necesarias

Agujereadora
2 palancas planas
Martillo
Pinzas
Grapas
Cincel de madera
Serrucho de mano
Serrucho de costilla
Lijadora eléctrica
Goma PVA para madera
Espigas
Clavitos para piso

Rompen las tablas cortando la madera donde es necesario, para cumplir con su tarea (en general cortan dos tablas en la misma junta) y saltan trozos cuando levantan las tablas.

Aunque esto no representa un gran problema debajo de las alfombras, ciertamente lo será cuando las tablas se expongan como un elemento decorativo.

¡CUIDADO!

Clavos rotos
Los pisos de madera viejos son un verdadero cementerio de clavos antiguos, doblados y oxidados. Esto se puede convertir en una molestia e incluso en un peligro.

Retirar las tablas

Sacar con cuidado los zócalos del sector donde se van a arreglar o sacar las tablas del piso (ver reemplazo de zócalos, páginas 80-1). Esto facilitará el levantamiento de las mismas. Lo más difícil es sacar la primera tabla. Insertar las palancas con cuidado en los costados opuestos de la tabla y en su parte central (si es necesario martillarlas un poco) y levantarla (a). Utilizar tacos de madera para hacer palanca, esto también evitará que se rompan las tablas de al lado (b).

Repetir este procedimiento en todo el piso de madera. Una vez que se retira la primera tabla es más fácil sacar el resto utilizando exactamente la misma técnica.

Arreglar y reemplazar tablas

Se puede cortar cualquier sección rota en forma de escuadra para simplificar el reemplazo. Marcar la tabla alrededor del sector roto con una escuadra (c). Utilizar dos tacos de madera para mantener la tabla suspendida sobre el piso y así poder cortar la parte rota con un serrucho de costilla (d).

Marcar y cortar un trozo similar en otra tabla. Cortar el trozo de reemplazo 2 mm más largo para que quede ajustado y sin luz. Utilizar un taco de madera y martillo para colocar el reemplazo en su lugar. Clavar la tabla nueva (e). Alisar con una lijadora o una lija de mano y un taco de madera.

DATOS ÚTILES

Prestar atención a las juntas

Al reemplazar tablas del piso es importante tener en cuenta las separaciones de las juntas cuando se vuelven a colocar. No hay nada peor que arreglar y preparar un piso para que se luzca (lijar e incluso barnizar) y luego ver que las juntas quedaron separadas una vez finalizado todo el trabajo.

Para reemplazar tablas de madera, retirar todos los clavos viejos de las vigas utilizando las palancas y el martillo de orejas (f). Este se debe utilizar con cuidado ya que puede romper las vigas, aun con la protección de las palancas. Perforar pequeños agujeros en las tablas nuevas para evitar que la madera se parta y para ubicar la posición de los clavos (g). Espaciar las tablas cortadas para evitar que dos juntas queden lado con lado (esto ayuda a que el piso quede más unido y luzca mejor). Asegurar con clavos para piso (h).

▶ Pulir los pisos

Para que las tablas de madera del piso luzcan mejor, quizá sea necesario lijar el barniz viejo, las manchas de la madera y otros tratamientos que se hayan realizado en el piso.

Los pisos de madera se han popularizado mucho, tanto de madera compacta como laminada. Los pisos de madera laminada no se pueden pulir, ya que la superficie es de fórmica y tiene pocos milímetros de espesor. Pulir y barnizar las tablas de madera originales del piso es una práctica más habitual. Si bien es un trabajo ruidoso, bastante sucio y difícil, puede resultar muy gratificante.

Lo primero que hay que hacer es inspeccionar en qué condiciones se encuentran las tablas de madera. Martillar los clavos de fijación con un punzón (a) y sacar cualquier otro clavo y tornillo de las tablas. Todo esto evitará que se rompan las cintas abrasivas de la lijadora.

Si los gusanos de la madera atacaron el piso, levantar las tablas, tratar las vigas y la parte trasera y delantera de las tablas contaminadas y volver a colocar. Pulir y barnizar sobre la madera infectada le da "carácter" al piso. Si la contaminación es muy severa o una tabla está rota, cortarla o emparcharla con adhesivo para madera, clavos o una grapa.

DATOS ÚTILES

Herramientas necesarias
Lijadora con cilindro
Lijadora para bordes
Raspador
Lijadora para rincones
Martillo
Pinzas
Destornillador
Punzón

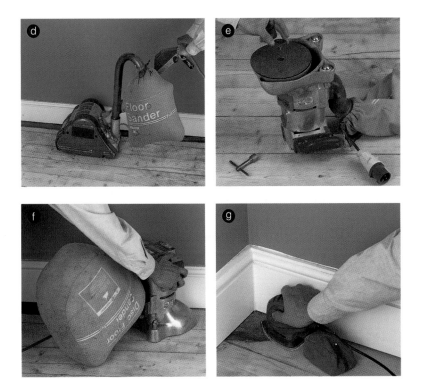

Utilizar las mismas tablas de madera para realizar cualquier arreglo o reemplazo. Los reemplazos se pueden sacar de algún otro lugar de la casa o de algún depósito de materiales. Las tablas nuevas no harán juego y el piso quedará como una colcha llena de parches.

Apoyar la lijadora con cilindro sobre la parte trasera (desenchufada), abrirla y colocar la cinta abrasiva (b); atornillarla bien ajustada. Hay tres tipos de lijas: gruesa, mediana y fina. A menos que las tablas sean muy ásperas se requerirán medianas y finas.

Si las tablas están "combadas" se debe pasar la lijadora a 45° (c) y luego otra vez a 45° desde el otro ángulo. Cuando el piso esté perfectamente plano, utilizar una cinta abrasiva fina y lijar las tablas en el sentido de la veta (d).

Alquilar una lijadora para bordes para lijar los lugares a los que no llega la lijadora de cilindro. Los discos se colocan en la máquina mediante un perno central en la parte de abajo (e). Esta máquina no se debe pasar muy rápido (f), pues pueden quedar marcas arremolinadas en las tablas del piso. Utilizar un raspador para los lugares de difícil acceso o para los rincones (g).

▶ Realinear las puertas de las alacenas de cocina

Con el tiempo y el uso, las bisagras de las puertas de los muebles de la cocina se desalinean. La mayoría de las bisagras tiene un sistema de ajuste incorporado, el cual es fácil de corregir.

Realizar los ajustes necesarios en las puertas de los muebles de cocina resulta una operación fácil y sencilla. La mayoría vienen provistos de bisagras de plomo y están cortadas en la parte trasera de la puerta, con un resorte que se apoya sobre una base que va colocada en la alacena. Al abrir y cerrar las puertas durante algún tiempo estas se desalinean y requieren algunos ajustes.

Existen tres sectores de ajuste en la bisagra de una alacena. El primero es el tornillo central que se utiliza para sujetar la bisagra a la puerta. Este se ajusta a través de una ranura, que permite alejar la puerta de la alacena si es que está "rozándola" (a).

El segundo tipo de ajuste se realiza ajustando o aflojando el pequeño tornillo que se encuentra cerca del anterior, mencionado más arriba. Este ajusta la puerta hacia la derecha o la izquierda de la alacena cuando se cierra, y permite centrar y equilibrar las puertas (b).

El tercer sector de ajuste está ubicado en la base de la bisagra que se encuentra fija en la alacena. La misma tiene una ranura vertical, la cual permite levantar o bajar la puerta para alinearla con la alacena y con las otras puertas (c). Los tres ajustes se pueden realizar fácilmente utilizando un destornillador Phillips.

Para ajustar un cajón completo (no sólo el frente), primero se debe sacar del mueble y luego levantar el frente para sacarlo de las guías (d).

Trazar algunas marcas con lápiz en la alacena para indicar la posición existente y la nueva. Desatornillar las guías y volver a colocarlas (e). Utilizar una grapa para sostener momentáneamente la guía en su lugar y perforar los agujeros pilot (f) antes de ajustarla con los tornillos.

Si el cajón se desliza perfectamente sobre las guías, pero el frente roza contra una puerta o una mesada cuando se cierra, se puede arreglar desatornillando el frente, volviendo a colocarlo y atornillándolo nuevamente (g).

DATOS ÚTILES

Herramientas necesarias
Destornillador Phillips
Lija
Agujereadora
Mechas
Grapa
Cera de vela (opcional)

DATOS ÚTILES

Muebles de madera
Los cajones que se deslizan por guías de madera se deben frotar con cera de vela (tanto la guía como la parte inferior del cajón) para mantenerlos en buenas condiciones. De este modo resulta mucho más fácil el deslizamiento.
Pasar un paño con vinagre para sacar las marcas de los dedos y la suciedad de las puertas y los frentes de los cajones.

▶ Reemplazar las puertas de las alacenas

Una forma de renovar el aspecto de la cocina es reemplazar las puertas de las alacenas. Muchas de ellas tienen un tamaño estándar y actualmente se pueden conseguir en una amplia variedad de estilos y diseños.

Sacar las bisagras con un destornillador de cruceta, dejando las bases de las mismas en su lugar (a). Normalmente, las puertas de reemplazo ya tienen los agujeros para las bisagras. Si no es así, estos se pueden perforar fácilmente con un cortador para bisagras circular que se coloca en la agujereadora.

Las bisagras de reemplazo se pueden comprar en los comercios especializados o en ferreterías. Colocar las bisagras de la puerta vieja en la nueva con los dos tornillos de fijación (b). Utilizar un punzón para marcar los agujeros.

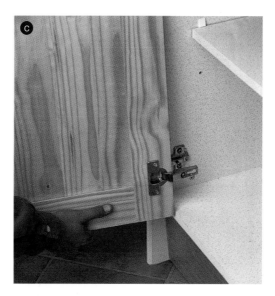

Sostener la puerta nueva en su lugar y atornillar la bisagra en la base con el tornillo grande del centro (c). El segundo tornillo es sólo para ajustar y alinear la puerta con el mueble. Repetir este procedimiento con la bisagra de abajo. Reemplazar las perillas de las puertas marcando su ubicación y agujereando para colocarlas.

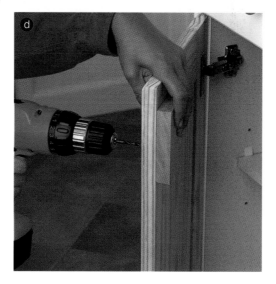

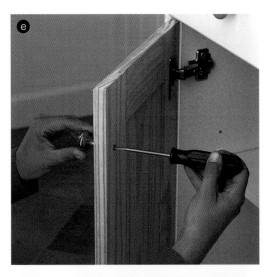

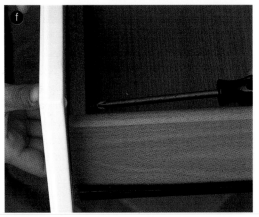

Para evitar roturas al agujerear la puerta, colocar una cuña de madera en la parte posterior de la misma y sostenerla temporariamente con una grapa (d) (ver parte inferior de la página 91).

Luego, sostener la perilla y atornillarla en el perno roscado (e). Si el perno es un poco corto, perforar más el agujero de la parte interior de la puerta para que sobresalga de la superficie del frente de la misma.

Reemplazar los frentes de los cajones de la cocina es un proceso muy simple. Primero se debe retirar el frente del cajón viejo sacando los dos tornillos de su interior (f).

DATOS ÚTILES

Mantener los elementos alineados

Vale la pena dedicar un tiempo para ajustar las bisagras de las puertas de las alacenas y las guías de los cajones hasta ponerlos "a punto". Aunque reemplazar las puertas y los cajones de las alacenas es un trabajo sencillo, dejar de realizarlo y abandonar las puertas tambaleantes y los cajones que se traban puede resultar enloquecedor.

Colocar la nueva perilla del cajón agujereando el centro del frente del cajón (g). Perforar el agujero un poco más en la parte trasera del frente del cajón para evitar que el perno sobresalga del borde después de haberlo colocado.

Instalar el nuevo frente del cajón atornillando los dos puntos de fijación que se encuentran en la parte trasera de los frentes de los cajones (h). Repetir este procedimiento en todos los muebles. Una vez que el trabajo esté terminado y se hayan reemplazado todos los frentes de las puertas y los cajones, decorar las nuevas superficies a gusto para completar la transformación de la cocina. Realizar los ajustes necesarios si las nuevas puertas o cajones friccionan o se pegan.

▶ Arreglar y reacondicionar las puertas

Las puertas se utilizan mucho y reciben golpes, en especial cuando hay niños. Por esta razón requieren más mantenimiento que la mayoría de los artículos de la casa. Los arreglos básicos son relativamente fáciles de realizar.

Puertas que se atascan

Con la llegada del invierno y del clima húmedo, las puertas comienzan a atascarse en los costados y en la parte inferior y, necesitan un poco de "holgura". Sin embargo, antes de realizar cualquier trabajo de reparación se debe verificar que las bisagras no estén rotas o desgastadas. Si la puerta se mece un poco al abrirla y cerrarla esto es un indicador de que las bisagras están desgastadas. En este caso, reemplazarlas de inmediato.

Primero vamos a ocuparnos de una puerta que se pega en un costado, con bisagras sonoras. Cerrar bien la puerta y marcar una línea con lápiz a lo largo del marco (a). La puerta necesita un poco de lijado en los puntos alejados de la línea. Utilizar una garlopa para eliminar estos puntos hasta que el borde tenga la misma distancia de la línea de lápiz en toda su extensión (b).

DATOS ÚTILES

Herramientas necesarias
Garlopa
Lápiz
Martillo
Cincel
Destornillador

ARREGLOS GENERALES

Cerrar una vez más la puerta y trazar una línea con un trozo de madera dura en la parte inferior de la misma (c). Con este procedimiento se podrán observar los lugares que rozan contra el piso. Sacar la puerta de las bisagras y pasar la garlopa en estos sectores.

En algunos hay que ajustar las bisagras de la puerta para colocarla en escuadra con el marco. Alternativamente, puede ser necesario sacar las bisagras si fueron colocadas muy adentro, lo cual

puede provocar que la puerta se atasque contra el marco. Para realizar estos trabajos hay que sacar la puerta y sostenerla en su lugar, por lo tanto es aconsejable pedir ayuda a otra persona, ya que las puertas son pesadas y difíciles de manejar.

ARREGLOS GENERALES

95

Si va a realizar el trabajo usted solo, sacar la puerta y las bisagras (d) y colocar pequeñas cuñas en la parte inferior para mantener la puerta en posición abierta. Cortar pequeños trozos de cartón fino (e), colocarlos atrás de las bisagras (f) y atornillarlas nuevamente en su lugar. Esto ajustará la puerta contra el marco interior. Se necesitarán uno o dos trozos de cartón de acuerdo con el ajuste requerido. Atornillar las bisagras reemplazando sólo un tornillo por bisagra mientras se cierra la puerta para verificar el ajuste. Agregar o sacar trozos de cartón hasta lograr la combinación correcta para un encuadre perfecto y luego colocar el resto de los tornillos en las bisagras.

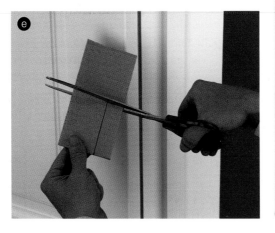

DATOS ÚTILES

Hoyo en uno

Si se duda demasiado con las bisagras de una puerta se agrandarán los agujeros al sacar y reemplazar constantemente los tornillos. Esto provocará que las bisagras se desprendan del marco interior, lo cual conducirá al problema original de una puerta que se atasca. Hay que tratar de realizar los ajustes de una sola vez.

ARREGLOS GENERALES

96

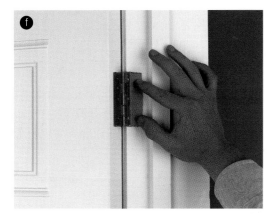

Si la puerta rechina esto significa que no se ajusta bien con el marco interior, en cuyo caso hay que sacarlo y colocarlo en otra posición para un buen ajuste.

Utilizar un martillo y un cincel para golpear suavemente la unión entre el marco interior y el marco exterior para separarlos y retirar el interior, haciendo palanca con un trozo de madera (esto evitará los daños provocados por la palanca). Sacar todos los clavos o martillarlos para volver a ajustarlos. Cerrar la puerta. Volver a colocar primero el marco interior vertical, para permitir que la puerta se cierre firme y ajustadamente (g), luego colocar el otro marco interior vertical y por fin el superior para que la puerta no rechine más.

Fortalecer una bisagra

A menudo se produce un problema bastante común cuando una puerta se saca y se vuelve a colocar varias veces. Los tornillos se aflojan en los agujeros de fijación y la puerta no funciona bien (esto también puede provocar que la puerta se atasque o se pegue). Este problema se soluciona fácilmente tapando los viejos agujeros con una mezcla de goma de pegar para madera y madera blanda. Cuando la goma se haya absorbido, cortar los excesos de madera y volver a fijar las bisagras.

▶ Reemplazar los accesorios de las puertas

Una de las formas de darle un nuevo aspecto a la casa después de una redecoración básica es reemplazar los accesorios de las puertas. Se pueden comprar en los comercios especializados que ofrecen una gran variedad de picaportes y otros artículos.

Reemplazar el picaporte

Comenzar sacando el viejo picaporte de la puerta. Utilizar un destornillador para retirar los cuatro tornillos que sostienen la base del picaporte (a). Sacar una base por vez. Luego, colocar el nuevo picaporte en la broca (husillo) (b) para verificar si hay que cortarlo para que la base del picaporte asiente bien sobre la puerta.

Utilizar un nivel de burbuja para verificar si la base nueva del picaporte se encuentra a nivel, sosteniéndolo en forma vertical sobre el borde de ajuste. Luego, marcar los agujeros de ajuste con un punzón (c) y perforar agujeros pilot para los tornillos (d). Verificar que los agujeros sean lo suficientemente grandes como para aceptar los tornillos que traen los nuevos picaportes. Atornillar el primer picaporte a la puerta verificando con el nivel de burbuja (e) y ajustando mientras se verifica (f). Ir del otro lado de la puerta y realizar el mismo procedimiento para colocar el otro picaporte.

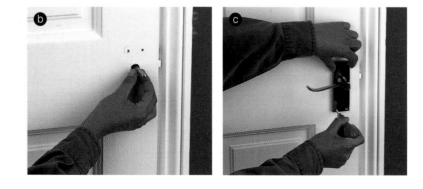

Aceitar el mecanismo del cerrojo

Para que los mecanismos del cerrojo de la puerta funcionen correctamente se deben aceitar con regularidad. Para hacerlo, sacar ambos picaportes y la broca, colocando algo en el piso entre la puerta y el marco para mantener la puerta entreabierta. Utilizar un almohadón o algo suave para mantener la puerta abierta y que no se arruine la pintura o el barniz. Colocar un destornillador largo en el agujero donde va la broca y sacar los dos tornillos de sostén.

Sostener con firmeza el destornillador de ambos lados de la puerta y empujar hacia el borde exterior para liberar el cerrojo (g). Después de aceitarlo, volver a colocarlo en su lugar y disponer los dos tornillos de ajuste. Volver a instalar los picaportes como se indica más arriba.

▶ Seguros para las puertas

Se puede ahorrar mucho dinero realizando uno mismo tareas para proteger la vivienda. Una buena seguridad para el hogar comienza con una buena seguridad en las puertas.

Colocar cerrojos y pasadores de seguridad en las puertas

Colocar cerrojos es una tarea bastante sencilla. Resulta aconsejable colocar al menos dos por puerta, ya que cuantos más tenga, más segura será la puerta. Abrir la puerta y perforar un agujero en el interior de la misma que sea lo suficientemente profundo como para insertar el perno (a). Marcar un punto en el marco alineado con el agujero del pasador y perforar otro agujero. Allí se debe colocar la base del cerrojo. Introducir el perno en el marco y atornillarlo en su lugar (b).

Colocar un pasador también es una tarea fácil que no requiere una destreza especial ya que los componentes se ajustan de manera frontal. Colocar el trabahorquilla unos centímetros arriba del picaporte de la puerta y la horquilla en el marco. Marcar, agujerear (c) y atornillar. La base se debe colocar de manera que quede al ras de la puerta. Instalar el trabahorquilla en la puerta, marcar, agujerear y atornillar (d).

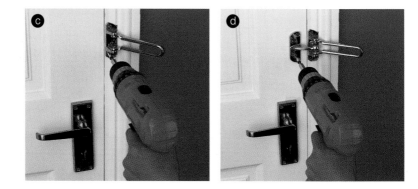

Verificar que la alineación del trabahorquilla y la horquilla sea la correcta (e) y luego realizar los ajustes que fueran necesarios.

Colocar buenas cerraduras y cerrojos en las puertas que dan al exterior resulta esencial para tener una buena seguridad en el hogar. Las cerraduras baratas no son una buena compra, pero una buena cerradura mal colocada resulta inútil. Los cerrojos son muy buenos para brindar seguridad, pero sólo se pueden utilizar cuando uno se encuentra dentro del hogar, ya que se accionan desde el interior.

Las recomendaciones básicas para una buena seguridad en las puertas son: una cerradura dormida cilíndrica colocada a un tercio de la parte superior de la puerta y una cerradura embutida colocada a un tercio de la parte inferior. También resulta una buena idea colocar otra cerradura embutida en la parte central de la guía de la puerta, que se cerrará con la misma llave que la de abajo (esto se puede pedir en los comercios especializados). También se puede colocar una tercera bisagra si la puerta tiene sólo dos, ya que así se refuerza toda la estructura de la puerta y se reduce la posibilidad de que se arruine del lado de las bisagras. A veces es necesario sacar los cerrojos si se produjeron movimientos o expansiones en las puertas. Desatornillar y sacar la base de enganche del marco (f). Guardarla, protegiéndola con pequeños trozos de cartón, hasta lograr la alineación correcta entre el cerrojo y la base de enganche (g). Volver a atornillar en su lugar y realizar una última verificación.

▶ Arreglar y reacondicionar ventanas

Los marcos de las ventanas soportan los impactos del mal clima y necesitan un mantenimiento constante. Esto resulta mucho más importante si el marco es de madera.

El tipo de ventana que más se usa es el llamado "ventana batiente o ventana a bisagra". Este diseño de ventana es particularmente vulnerable al clima, ya que se la coloca al nivel de las paredes y no tiene protección de los cambios climáticos. El marco a menudo se deforma un poco y hace que se filtren las corrientes de aire. Una solución simple sería mover la base de enganche del brazo de sujeción para apretar el bastidor contra el marco y evitar que golpee, y reducir las corrientes de aire.

Sacar la base de enganche de su posición original del travesaño y alejarlo un poco del marco (a). Sostener la base de enganche en la nueva posición, marcar con un punzón los nuevos agujeros de fijación (b), insertar y ajustar los tornillos. Después de desplazar la base de enganche, cuando la ventana esté cerrada, habrá desaparecido el golpeteo.

Después de un tiempo, las ventanas

tienden a atascarse, en especial si no se las pinta. Una ventana absorbe rápidamente la humedad y la madera se dilata, dificultando la apertura y el cierre de la misma. Cuando una ventana se atasca la mayoría de la gente la fuerza para abrirla o cerrarla. Se debe tener cuidado al hacerlo porque al forzarla se pueden romper las juntas de la caja y la espiga (si es del estilo de las que tienen marco y paneles).

Para resolver este problema, utilizar cera de vela en ambos bordes de la ventana y en el travesaño (c). Si esto no funciona se debe cepillar con una garlopa el travesaño para que la ventana funcione correctamente (d). Evitar abrir y cerrar la ventana mientras se la cepilla para sacar la cantidad de madera mínima necesaria.

Después de lijar el borde es muy importante pintarlo con sellador, base y una capa de pintura para exteriores tan pronto como sea posible (e). Dejar secar bien entre cada capa y luego pasarle cera.

DATOS ÚTILES

Herramientas necesarias
Destornillador
Punzón
Martillo
Cuchillo
Garlopa
Lija
Cera de vela

ARREGLOS GENERALES

103

► Reemplazar los vidrios de una ventana

Si se rompe un panel de vidrio de una ventana se puede llamar al vidriero, pero el reemplazo es una tarea muy simple de llevar a cabo. Utilizar guantes para evitar cortes en las manos.

Reemplazar el vidrio de una ventana con rebordes (molduras)

Además de los guantes resulta conveniente utilizar anteojos protectores para realizar este trabajo.

Comenzar por la parte superior del panel roto y utilizar un martillo y un cincel para retirar la moldura del marco. Retirar todo el vidrio, trozo por trozo, mientras se trabaja en todo el marco (a).

Después de sacar todo el vidrio roto, limpiar cualquier otro tipo de material del marco de la ventana. Medir el interior del marco y cortar el nuevo panel 3 mm más pequeño de cada lado para que ajuste bien al instalarlo.

Colocar un poco de pegamento sobre el marco interior para sellar el vidrio y el marco. Disponer el borde inferior del panel en la muesca inferior del marco y presionar con cuidado para ubicar el panel en su lugar (b). Fijar primero el marco superior golpeando suavemente los clavitos en su lugar, luego colocar el marco inferior y finalmente los marcos laterales (c). Se puede utilizar un punzón para colocar los clavitos en su lugar. Rellenar los agujeros antes de retocar la pintura.

Reemplazar el vidrio de una ventana masillada

Utilizar guantes y anteojos protectores para sacar el vidrio roto. Quizá sea necesario utilizar trozos de cinta adhesiva para mantener las partes rotas en su lugar (d).

Utilizar el cuchillo de vidriero y el martillo para sacar la masilla del marco (e). Comenzar por la parte superior

y retirar toda la masilla y las tachuelas con las pinzas. Limpiar los restos de masilla vieja y aplicar sellador para madera al marco.

Utilizar un trozo de masilla del tamaño de la palma de la mano para cubrir con una línea fina el interior de los marcos (f). El vidrio se debe asentar sobre una capa de 3 mm de espesor.

Apoyar el borde inferior del vidrio sobre la moldura del marco (g). Presionar sobre todo el borde y asegurar utilizando las tachuelas para vidrio. Introducir las tachuelas en el marco utilizando el borde de un cincel para que queden planas contra el vidrio. Retirar el excedente de masilla del interior del marco con la espátula correspondiente (h). Aplicar una capa pareja y gruesa de masilla con la espátula en el marco, con un ángulo de 45°. Retirar los excesos de masilla y pintar cuando esté seca.

ARREGLOS GENERALES

► Seguridad de las ventanas

Una buena seguridad en las ventanas es posiblemente más importante que en las puertas exteriores. Se deben tomar muchas precauciones diferentes.

Cambiar un cerrojo con bisagra por uno con enganche

Comenzar el trabajo sacando el cerrojo y el enganche. Utilizar un destornillador teniendo cuidado de no dañar la madera. Quizá sea necesario rellenar alguno de los agujeros ya que es probable que no coincidan con los del cerrojo nuevo.

Colocar el enganche en la parte fija de la ventana, en el mismo lugar que el anterior. Marcar con el punzón los agujeros del enganche, presionando la madera (a). Al hacer esto quedarán marcados pequeños agujeros para los tornillos de fijación. Luego atornillar con firmeza el enganche en el marco de la ventana (b).

Para fijar la otra parte del cerrojo del lado que se abre la ventana, marcar los agujeros y colocar el cerrojo sobre el enganche. Cerrar la ventana y mantenerla así con papel y marcar los agujeros.

Utilizar el punzón para marcar los agujeros como antes y finalmente atornillar la traba en el marco de la ventana (c).

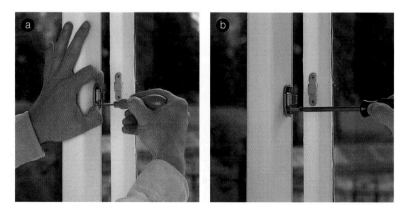

c

Instalar una cerradura giratoria

Este tipo de cerradura también es el reemplazo ideal para el cerrojo estándar. Es un cerrojo pequeño, de buen gusto, discreto, con una terminación en color blanco. Se coloca de la misma manera que el cerrojo con enganche: atornillar la base al marco de la ventana (d); utilizar un punzón para marcar los agujeros de fijación del enganche en la ventana (e); verificar la alineación y atornillar el enganche en la ventana (f). Lubricar con aceite liviano de vez en cuando para que la cerradura funcione perfectamente.

d

e

f

ARREGLOS GENERALES

107

▶ Puertas y ventanas a prueba de corrientes de aire

Prevenir que las corrientes de aire entren en la casa por puertas y ventanas ahorrará dinero y asegurará el bienestar de la familia. Esta prevención es rápida y fácil de llevar a cabo.

Ventanas

La mayoría de las ventanas de madera con bisagras se comban y desajustan con el paso del tiempo, provocando corrientes de aire e incomodidad. Este problema se puede solucionar fácilmente utilizando un burlete autoadhesivo.

Estos burletes se presentan en un rollo de doble ancho, el cual hay que separar en dos tiras simples para las ventanas (a). Con las superficies bien limpias, comenzar por un extremo y retirar el papel protector de la tira para exponer el lado adhesivo (b). Se debe pegar hacia la parte exterior de los marcos fijos de la ventana, la cual los presionará cuando esté cerrada.

Comenzar a trabajar en el ángulo superior derecho colocando la punta del burlete en su lugar, dejando un borde de 25 mm (c). Trabajar en sentido contrario a las agujas del reloj en todo el perímetro del marco. Cortar los extremos de cada largo a 45° para formar una junta correcta en cada rincón.

DATOS ÚTILES

Herramientas necesarias
Destornillador pequeño
Punzón
Tijeras
Serrucho (optativo)

Ventanas con guillotina

Las guías de una ventana de guillotina se pueden sellar con cualquier clase de burlete comprimible. Los bordes deslizantes no dejan pasar muchas corrientes de aire, pero se les pueden colocar selladores con escobilla.

Cerrar la ventana con firmeza para que el burlete se pegue correctamente.

Puertas

Los marcos de las puertas se pueden sellar con el burlete doble del mismo modo que fue descripto más arriba. Otro lugar por donde ingresan corrientes de aire es por el ojo de la cerradura (d).

Asimismo, la ranura donde se coloca el correo es otro espacio vulnerable. Para este se puede comprar un sellador con escobilla, asegurándose de que tenga el mismo tamaño de la ranura. Si es un poco más grande no habrá problemas, pero si es más pequeño no funcionará. Antes de comenzar, sacar la lengüeta interior, ya que el sellador la reemplazará.

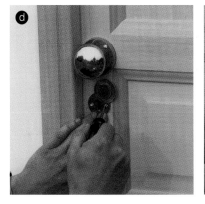
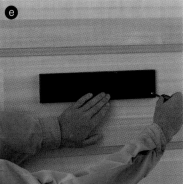

Colocar el marco del sellador sobre la ranura de entrada del correo del lado de adentro de la puerta. Verificar que el marco se encuentre en cuadro con la abertura, marcar los agujeros con el punzón y luego fijar con los tornillos el sellador en la puerta (e).

Realmente vale la pena invertir un poco de tiempo y de dinero en sellar las entradas de la casa: los beneficios son inmensos.

ARREGLOS GENERALES

109

▶ Aislar las bohardillas

El aislamiento de la bohardilla se puede realizar con poco dinero. Los rollos de material aislante se compran en los comercios que venden productos para "hacerlo uno mismo" y son muy fáciles de instalar.

Hay dos tipos principales de aislante: en rollos o suelto (que viene en bolsas). El tipo más común es el que viene en rollos. La profundidad mínima de aislamiento recomendada es de 150 mm, pero cuanto mayor sea mejor: el 25 al 30% de la pérdida de calor se produce por los techos sin aislamiento.

Retirar algunos andamios de la bohardilla que se encuentren sobre las vigas. Si en el lugar no hay una luz permanente colgar una lámpara en un sitio elevado que sea conveniente. Llevar todos los rollos de aislante a la bohardilla, pero no abrirlos hasta el momento de colocarlos en forma definitiva. Cuando está envasado, el aislante se encuentra comprimido, así que cuando se coloca entre las vigas se expande un poco. Los rollos miden 39-41 cm de ancho por 7,5 m de largo. Cortar los extremos para que pueda salir el aire, luego comenzar a desenrollar el aislante (a). No cubrir cables eléctricos con el aislante. Levantar los cables y pasar el aislante por abajo (b). Esto evitará el sobrecalentamiento de los mismos. Tampoco se deben cubrir las tapas de luz ni los enchufes. Cortar el aislante alrededor de los mismos con un cuchillo para recortar o con tijeras de cocina (c).

¡No cortar ningún cable! Para evitar que el calor se escape de la casa colocar una segunda capa de aislante en ángulo recto con la primera y cubrir los andamios (d). Este procedimiento es el

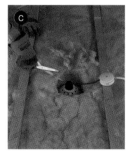

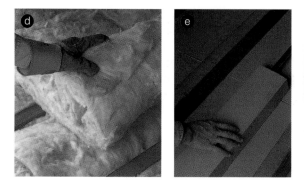

mismo que para la primera capa y también lo son las precauciones que se deben tomar.

Si se utiliza aislante suelto es muy importante cortar en tiras la madera terciada o el cartón que se encuentra entre las vigas para formar una barrera y dejar los aleros libres (e). La profundidad de relleno necesaria es de 15 cm, quizá sea necesario elevar la altura de las vigas agregándoles tablas de madera para poder desplazarse en la bohardilla.

Verter el aislante (f) y esparcir trozos de madera terciada. Apisonar y nivelar el aislante para que quede parejo entre las vigas (g).

¿Quiere saber más?

Pase al siguiente nivel...

Remitase a...
- **Pintura** - páginas 28-31
- **Aislar tuberías** - páginas 130-1
- **Construir enrejados** - páginas 160-3

Otras fuentes
- **Clases de educación para adultos**
Averiguar si las autoridades locales ofrecen cursos de mantenimiento para el hogar

Trabajos de

plomería

Muchos trabajos de plomería requieren ser realizados por un profesional. Sin embargo, existe una gran cantidad de tareas que pueden ser llevadas a cabo por cualquier persona con habilidades básicas en el tema, lo cual le ahorrará tiempo y dinero.

▶ Conectar un lavarropa

Actualmente casi todos los hogares cuentan con máquinas lavadoras de ropa y parece una vergüenza tener que llamar a un plomero para que realice una tarea tan básica como es conectarlas al suministro de agua.

DATOS ÚTILES

Herramientas necesarias
Destornillador
Nivel de burbuja
Cinta de teflón

Comenzar por leer y familiarizarse con las instrucciones del fabricante que vienen con el lavarropa. Verificar que en el lugar de instalación haya suficiente nivel de presión de agua como para que funcione correctamente. Para obtener el mejor rendimiento del lavarropa se debe verificar que se encuentre nivelado vertical y horizontalmente.

Al comprar un lavarropa vendrá con dos mangueras de entrada: una roja para la entrada del agua caliente y una azul para la del agua fría. Estas mangueras se conectan a las salidas en la parte trasera del lavarropa (a), a través de válvulas codificadas por color unidas al suministro de agua (b).

Algunos lavarropas sólo traen un suministro para agua fría, con una sola manguera, en cuyo caso el procedimiento de ajuste es el mismo que para uno con un suministro de agua doble. Sin embargo, es mucho más costoso hacer funcionar este tipo de lavarropa ya que el agua se debe calentar en la máquina.

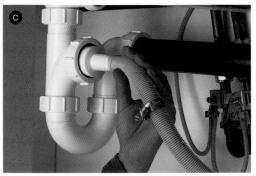

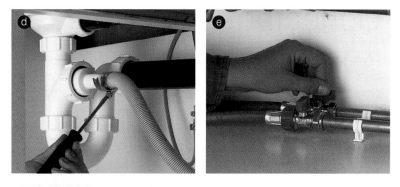

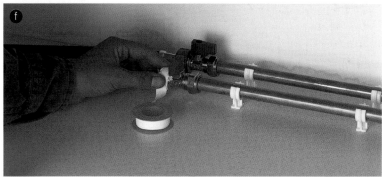

La manguera para desagotar con forma de gancho se ajusta en una tubería de plástico vertical de desagüe de 40 mm. La manguera se ajusta floja en la tubería vertical para evitar que el agua sucia sea absorbida nuevamente por el lavarropa. Verificar que la misma esté ubicada a 610 mm del piso (c).

Algunos desaguaderos tienen un espiche para colocar el lavarropa. Colocar una válvula antisifón para evitar que el agua sucia vuelva a entrar en el lavarropa. La válvula se ajusta en el extremo de la manguera de salida con un conector en cada extremo (d).

Desconectar la electricidad y las válvulas antes de colocar el lavarropa en su lugar (e). Si se observa alguna pérdida o goteo en la válvula de conexión cubrir la rosca con cinta de teflón (f) y volver a conectar.

> **¡CUIDADO!**
>
> **Nivelar**
> No utilizar el lavarropa si no está correctamente nivelado. Pues vibrará, emitirá un ruido intenso y se romperá muy pronto.

► Limpiar las acumulaciones de aire

Las acumulaciones en los sistemas de cañerías son muy comunes, en especial en las casas antiguas o en los tramos donde las cañerías no son rectas. Normalmente, son fáciles de limpiar.

Cuando se produce una acumulación de aire la canilla tiene sonidos sibilantes. Lo que hay que hacer es sacar el aire y lo más conveniente es trabajar en la pileta de la cocina que es donde comienza el agua en el sistema de cañerías. Tomar un trozo de manguera y colocar un extremo en la canilla de la cocina (a) y el otro en la canilla de agua caliente del lavatorio de manos del baño (b). Abrir bien la canilla de la cocina (c), luego abrir bien la canilla del agua caliente del baño (d), lo cual desplazará el aire por la canilla del agua caliente del baño debido a la presión de la cañería hasta que el agua fluya libremente.

Para limpiar las canillas del baño repetir este proceso cerrando la canilla del lavatorio de manos y, si es necesario, el suministro del depósito cerrando la canilla del agua caliente del lavatorio, de manera que las burbujas de aire vayan al depósito. De este modo todo el trayecto quedará limpio.

Si en la cocina hay una canilla mezcladora sacarle el pico y apoyar con fuerza la mano en la salida de agua. Abrir la canilla del agua caliente por completo y abrir lentamente la canilla del agua fría, enviando el aire que saldrá hacia la canilla abierta del baño.

Otra causa común de la acumulación de aire es si se cierra el suministro principal de agua y el tanque está vacío. Para solucionar el problema, utilizar el mismo método que se describió más arriba.

El aire atrapado en un radiador se puede detectar fácilmente mediante el tacto. Si sólo está caliente la mitad del radiador, probablemente haya una acumulación de aire dentro del mismo, lo cual afectará su funcionamiento.

En el extremo superior derecho o izquierdo del
radiador hay una pequeña válvula de purga.

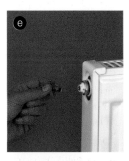

Se necesitará una llave de purga para abrir esta
válvula. Presionar la llave sobre la válvula (e) y abrirla
suavemente para liberar el aire. Se oirá un sonido
sibilante hasta que el agua comience a circular.
Cuando esto suceda, cerrar de inmediato la válvula
de purga. Tener preparados algunos trapos viejos
para limpiar las salpicaduras (f).

Verificar el indicador de presión del agua de la
caldera. Si la presión está baja y hay que elevarla,
aflojar con cuidado el tornillo de la válvula de la
tubería de llenado que se encuentra en la parte
inferior de la caldera (g), utilizando un destornillador
con muesca si es necesario. Observar el indicador
de la presión de agua y cerrar de inmediato la
válvula con el tornillo cuando se haya alcanzado la
presión correcta.

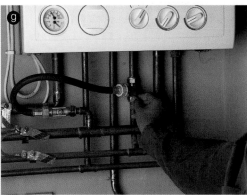

TRABAJOS DE PLOMERÍA

117

▶ Colocar válvulas termostáticas

Las válvulas termostáticas resultan una innovación muy útil para las casas con calefacción central, ya que permiten controlar la temperatura ambiente, habitación por habitación.

Primero, drenar el sistema cerrando la caldera. Dejar que el agua se enfríe un poco, luego cerrar el suministro al tanque de expansión mediante la llave de paso. A continuación, colocar un extremo de una manguera de jardín en el robinete de purga y el otro en el desagüe. Abrir el robinete de purga con una llave francesa y dejar salir toda el agua. El agua que haya quedado en el sistema de calefacción se puede sacar abriendo las válvulas de purga de todos los radiadores, comenzando con el más alejado del robinete de purga. Colocar algunos paños secos en la tubería, abajo de la válvula vieja. Sostener el cuerpo principal de la válvula con una llave de tuercas y desajustar la tuerca de unión del radiador con una llave francesa (a). Utilizar el mismo método para aflojar la tuerca tapa de la parte superior de la válvula (b). Sacar la válvula vieja (c).

Retirar la tuerca tapa y la oliva puede resultar difícil. Si la oliva es de bronce (amarillenta) se puede sacar con cuidado extrayendo la tuerca de tapa o ciega (d).

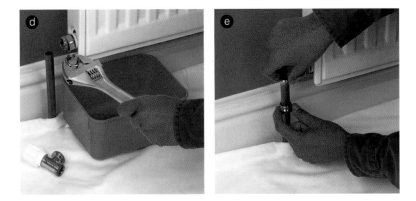

Una oliva de cobre (del mismo color que la tubería) se pudo haber comprimido en la tubería cuando se la ajustó, por lo tanto en este caso es necesario cortar la tubería con un cortatubos o cortacaños. Algunas válvulas termostáticas pueden ser más largas o más cortas que la original y requerir alguna alteración en el trabajo de la tubería.

Deslizar la tuerca tapa y luego la oliva nueva (e). Las válvulas más viejas pueden tener bulbos diferentes de las nuevas válvulas termostáticas, por lo tanto es importante comparar los originales con los de las nuevas. Si son diferentes, colocar el nuevo bulbo en el radiador utilizando una llave francesa para válvula de radiador, la cual es básicamente una llave grande Allen.

Envolver con cinta de teflón la rosca, media docena de veces más o menos, antes de colocar para lograr

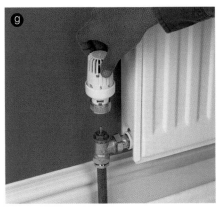

un buen ajuste. Primero ajustar a medias la válvula y luego la tuerca (f). Una vez alineadas terminar de ajustar la tuerca (g). Originalmente las válvulas se colocaban del lado del flujo del radiador (entrante), pero las válvulas termostáticas modernas son bidireccionales y se pueden colocar de cualquiera de los dos lados del radiador.

▶ Arreglar una canilla

Una canilla que gotea desperdicia agua y, si se la deja el tiempo suficiente, arruinará la porcelana o el aluminio de las piletas, lavamand y baños. En general, este no es un problema difícil de resolver.

Existen muchas razones distintas por las cuales una canilla puede gotear, pero todas son bastante simples de resolver. Actualmente, en las piletas de las cocinas, hay canillas mezcladoras, así que ese es el tipo de canilla que habrá que arreglar. Antes de comenzar, cerrar el suministro de agua. Si la canilla gotea por la base de pico, sacarlo (a) y observar si la arandela de la base está gastada y/o rota (b). Reemplazar la arandela si es necesario.

Luego sacar la canilla (c). Se debe retirar el cabezal para llegar al tornillo de retención. Si no hay tornillo, el cabezal saldrá dejando expuesto el huso (d). Utilizar una llave francesa para sacar el protector del huso (e).

Siempre se debe cortar el suministro de agua antes de cambiar la arandela de una canilla, de otro modo todo se puede convertir rápidamente en un caos.

DATOS ÚTILES

Herramientas necesarias
Destornillador
Llave francesa pequeña

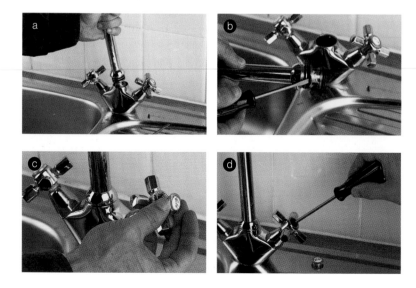

Luego sacar el huso (f). Normalmente hay dos aros, los cuales cuando están gastados gotean agua por la parte superior de la protección de la canilla. También hay una arandela de goma en la parte inferior del protector, sostenida por una tuerca.

Reemplazar esta arandela (g) si la canilla gotea por el pico.

En una canilla giratoria hay más aros selladores. Si el agua sale de la parte giratoria hay que reemplazar estos aros. Sacar el pequeño tornillo prisionero y levantar la placa giratoria y reemplazar los selladores.

Si el casquillo protector está atascado y corroído comprar un conjunto de reemplazo, llevando el que presenta problemas.

Si los casquillos protectores son de cerámica se supone que no necesitan mantenimiento, aunque los inconvenientes pueden ocurrir igual. Si bien estos no tienen arandelas para cambiar, para arreglarlos se debe cambiar el cartucho interior completo. Sacar el protector del cuerpo de la canilla y reemplazar las partes gastadas.

¡CUIDADO!

Cortar el agua
Siempre se debe cortar el suministro de agua antes de cambiar la arandela de una canilla, de otro modo todo se puede convertir rápidamente en un caos.

Cambiar las canillas de un baño

Las canillas mezcladoras con accesorios para ducha incorporados le dan una mayor dimensión a los baños, por lo tanto si el baño tiene canillas individuales vale la pena pensar en reemplazarlas.

Para cambiar cualquier elemento clave del baño, desde una canilla hasta cualquier otro accesorio, hay que pensar muy bien en lo que se desea ya que la oferta es absolutamente enorme. Por ejemplo, para cambiar la decoración por algo estándar es mejor un juego de baño blanco con accesorios cromados que un juego de baño en color, el cual puede pasar de moda o romperse con los cambios que se puedan realizar con posterioridad.

Las piletas de cocina han experimentado un cambio en los últimos tiempos y lucen espléndidas con un conjunto de canillas de muy buena calidad, ya sean originales o reproducciones. Sin embargo, no hay necesidad de grandes problemas o grandes gastos: hasta una pileta de acero inoxidable básica se beneficiará con un cambio de canillas.

Cambiar una canilla

Cerrar la válvula de aislamiento que se encuentra debajo de la canilla con un destornillador con ranura (a); de lo contrario cerrar la llave de paso y drenar el sistema abriendo las canillas.

Desconectar las conexiones de tuberías y tubos de desagüe que se encuentran debajo de las canillas (b). Desenroscar la tuerca de atrás con una llave de tuercas (c) y levantar las canillas viejas (d). Esta es una buena oportunidad para limpiar bien la zona de alrededor de las canillas antes de colocar las nuevas canillas o el conjunto con canilla mezcladora, ya que es propensa a acumular mucha suciedad.

Colocar las nuevas canillas o la mezcladora en su lugar apoyándolas en arandelas de goma o de plástico para proteger la pileta y para sellar las posibles pérdidas (e), presionar con firmeza (f) y luego conectar las tuberías en la base de las canillas (g). Generalmente, la distancia entre los centros de los agujeros de las canillas de las piletas y los baños es de 175-180 mm. Se pueden agregar accesorios en la unión giratoria para permitir una mayor tolerancia.

Verificar la colocación de la arandela plana de goma y ajustar con la mano la manguera de la ducha (h). Darle un medio giro con la llave de tuercas, utilizando un paño para evitar ralladuras.

Aprovechar esta oportunidad para colocar tuberías flexibles de cobre en las salidas de las canillas, para facilitar el ajuste y el mantenimiento.

El procedimiento para una canilla mezcladora de una pileta de cocina es igual al mencionado más arriba, pero se podrá sacar la pileta para aflojar o ajustar las canillas cuando se las cambia.

> **¡CUIDADO!**
>
> **No demasiado justo**
> Se debe tener cuidado al ajustar cualquier junta de plomería. Si se dan demasiadas vueltas con la llave de tuercas se puede terminar rompiendo la junta.

Cambiar la arandela de las canillas de bola

Si sale agua de la tubería de desagüe o hay un ruido constante en el tanque de agua fría o en la cisterna del inodoro, es probable que haya que cambiar algunas arandelas.

Cambiar la arandela de un tanque de agua

Cerrar la llave de paso del suministro de agua al tanque de almacenamiento. Luego vaciar el tanque de agua abriendo las canillas del baño. Sacar la espiga dividida de la válvula, la cual a su vez liberará el flotante. Desenroscar la punta de la válvula flotante, levantar el émbolo y desenroscar la punta del mismo. Detener la rotación del émbolo insertando un destornillador con ranura en la muesca. Sacar los restos de la vieja arandela, limpiar con una esponja de acero y ajustar la nueva arandela. Lubricarla con un toque de grasa siliconada. Conectar el flotante a la válvula, volver a ajustar la espiga dividida y abrir el suministro de agua. Ver el cuadro de abajo para obtener información sobre los distintos tipos de válvulas.

124

DATOS ÚTILES

Herramientas necesarias
Pinzas de plomería
Punzón
Destornillador con ranura
Esponja de acero
Grasa siliconada

DATOS ÚTILES

Cómo funcionan las válvulas
La válvula Portsmouth tiene una varilla flotante de bronce con un flotador en la punta. Al doblarla un poco hacia abajo la válvula corta antes, permitiendo que entre menos agua en el tanque. Al doblarla hacia arriba, la válvula se abre más tiempo y permite entrar más agua al tanque. En el diafragma de la válvula hay un tornillo en la varilla flotante que si se lo acerca hacia la válvula hace descender el nivel del agua y si se lo aleja, permite un mayor nivel de agua en el tanque.

Cambiar la arandela en un inodoro

Para cerrar el suministro de agua de la cisterna del inodoro, sin interferir con el del resto de la casa, utilizar un destornillador con ranura para girar el tornillo de la válvula de aislamiento (a). Una vez hecho esto vaciar la cisterna arrojando el agua por el inodoro.

Sacar la parte superior de la válvula con el flotante y el flotador conectados, y guardarlos (b). Luego, desenroscar la válvula de bola y sacar el émbolo de plástico (c).

Sacar la arandela vieja y limpiar todos los residuos de alrededor de la misma con una esponja de acero (d). Colocar la nueva arandela y lubricarla con un toque de grasa siliconada.

Volver a instalar todos los componentes de la cisterna en su lugar, conectar el suministro de agua y probar vaciando el agua por el inodoro. Todo debe funcionar bien, si no es así, volver a sacar todo y repetir el procedimiento.

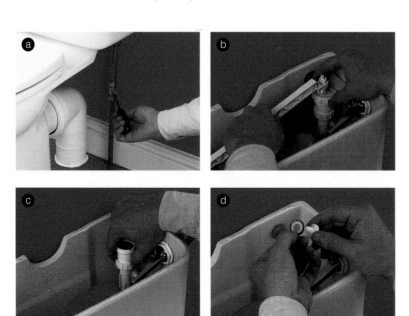

TRABAJOS DE PLOMERÍA

125

► Limpiar los desagües e inodoros obstruidos

Este no es un trabajo muy placentero, pero sirve para saber qué hacer en caso de una emergencia (lo cual sucede a menudo) y no tener que llamar a un plomero.

Para destapar la pileta de la cocina, primero utilizar una o dos cucharadas de soda cáustica (a), colocándola directamente en el orificio de salida y si esto no funciona, utilizar un destapador para piletas. Colocar un paño en el desagüe y luego presionar el destapa cañerías hacia arriba y hacia abajo sobre el tubo de desagüe (b). Repetir el procedimiento hasta limpiar la obstrucción. Si la misma continúa se debe sacar el sifón de abajo de la pileta (c) para tratar de limpiarlo.

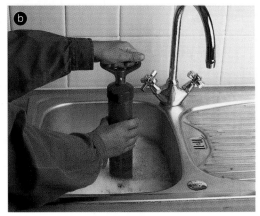

DATOS ÚTILES

Herramientas necesarias
Destapador
Fleje giratorio de manivela
Soporte de alambre
Ropa protectora
Desinfectante y jabón

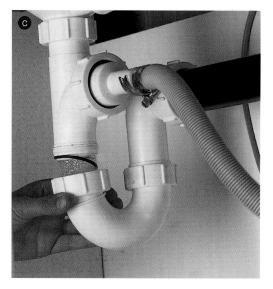

¡CUIDADO!

Balde

Colocar un balde u otro recipiente abajo del sifón de la pileta al abrirlo. Siempre se producirá una descarga de agua del desagüe.

Si el inodoro no descarga correctamente esto puede ser una advertencia de que se ha formado alguna obstrucción. Se debe resolver este problema de inmediato o el lavabo se puede desbordar en cualquier momento.

Una forma simple y eficaz de limpiar una obstrucción en el inodoro es subirse las mangas y colocar el brazo en una bolsa de residuos negra. Introducir el brazo en el inodoro y sacar lo que está provocando la obstrucción. Al bajar el brazo, dejar que la bolsa se cierre sobre el elemento y de este modo se extrae lo que estaba atorado, el brazo permanece seco y no hay que ver qué era lo que estaba obstruyendo.

Una versión más grande del destapador de piletas de cocina se puede alquilar para limpiar inodoros. En este caso, se introduce el destapador en el recodo y el desagüe. Si esto funciona, el nivel del agua bajará rápidamente y saldrá un ruido de gorgoteo del inodoro. Enjuagar con agua caliente y limpiar con desinfectante.

Si la obstrucción permanece después de aplicar los métodos básicos descriptos arriba, alquilar un fleje giratorio de manivela (d).

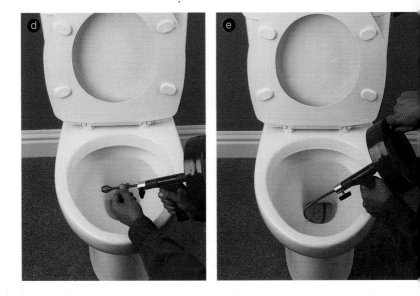

Esto es un cable flexible que se debe introducir lo más posible en el recodo (e), con la manivela acodada para destapar el inodoro. Una vez terminado el trabajo, enjuagar con agua caliente y desinfectar.

Antes de comenzar con alguna de las operaciones internas explicadas más arriba resulta conveniente levantar la tapa de acceso del jardín o de la calle para ver si está obstruida.

Alquilar o pedir prestado a un amigo un equipo de flejes para destapar tuberías. Unir dos flejes con un destapador en la punta (f); deslizarlos por la tubería de drenaje, en dirección de la corriente de desagüe del agua. Agregar otro fleje cada vez que sea necesario y empujarlos hacia atrás y hacia delante cada vez más adentro del drenaje (g). También ayuda mucho si se coloca una manguera en la tapa de acceso para empujar la obstrucción.

Si la tapa de acceso no está obstruida puede ser que lo esté la tubería de desagüe a las cloacas. Utilizar un fleje giratorio de manivela alquilada para limpiar la obstrucción.

¡CUIDADO!

La higiene es muy importante
Sacar las obstrucciones de baños y desagües puede resultar una tarea desagradable y olorosa. Se debe prestar mucha atención a la higiene en todo momento y lo mejor es utilizar guantes.

Las rejillas obstruidas son fáciles de limpiar. Sacar la rejilla e introducir la mano (siempre con guantes de goma) y sacar la basura de la tubería (h). Enjuagar con la manguera y limpiar con un limpiador apropiado.

Si alguno de los procedimientos mencionados arriba falla, es fundamental llamar a un profesional lo antes posible para que determine las causas de cualquier obstrucción y la limpie. Esto resulta de vital importancia en el caso de tuberías obstruidas que descargan en los drenajes principales, ya que esto puede afectar a vecinos y otras personas que vivan en las cercanías.

Los profesionales que se especializan en arreglar obstrucciones cobran muy caro, así que es conveniente pedir un presupuesto antes de contratarlos. Sin embargo, están equipados con elementos especializados como cámaras en las puntas de los flejes flexibles que pueden identificar la causa de problemas importantes y brindar soluciones mucho más rápido que un principiante.

▶ Aislar y revestir tanques y tuberías

Proteger las tuberías y los tanques de agua con revestimientos es una tarea que vale la pena, que servirá para ahorrar dinero y prevenir la catástrofe de las tuberías heladas en el invierno.

Revestir un tanque de agua fría

El método más fácil para revestir un tanque de agua fría es comprar una "camisa de aislamiento", que consiste en un cobertor de plástico con el interior de fibra de vidrio, que ya trae sus elementos de ajuste. Colocar uno de estos en el tanque es una tarea muy sencilla.

Si uno no quiere comprar una de estas camisas puede fabricar una cortando trozos de cartón para los cuatro lados del tanque y también para la tapa. Cortar aislante para techos y pegarlo sobre el cartón con adhesivo PVA. Alternativamente, se puede colocar un trozo cortado de material aislante en una bolsa de plástico negra y preparar un revestimiento de esta forma (a). Colocar los paneles en su lugar y atarlos con una cuerda (b).

Para trabajar en una bohardilla, colocar un andamio de tablas sobre las vigas para evitar accidentes y daños en los cielorrasos.

Aislar tuberías

El aislamiento de las tuberías es muy fácil de colocar. Existe un tipo de material de fieltro que viene en rollos y que se deposita sobre las tuberías cuando se las instala por primera vez, y que se utiliza más a menudo debajo de pisos; o también exisate el tipo de espuma, el cual viene en tiras largas y ya dividido para una fácil instalación.

Este último resulta mucho mejor para colocar sobre las tuberías que ya están instaladas.

DATOS ÚTILES

Herramientas necesarias
Cuchillo artesanal
Cuchillo de cocina filoso
Sierra
Pincel
Escuadra ajustable

Cortar los tubos con un cuchillo artesanal. Abrir el tubo por la ranura y deslizarlo sobre la tubería (c). Unir las juntas rectas y sellarlas con cinta aisladora (d).

Un giro a la derecha o a la izquierda requerirá de un corte en inglete. Marcar un ángulo de 45° con una escuadra ajustable y cortar el tubo. Repetir el proceso en la otra dirección para completar el ángulo (e), presionar los dos extremos del material de aislamiento para formar la junta (f) y pegarla con cinta aisladora.

Para formar una junta T realizar un corte a 90° en la mitad de un tubo de material aislante recto y luego cortar la misma forma en otro para que se ajusten (g). Completar la junta uniéndola con cinta aisladora.

Para aislar una curva en una tubería se deben realizar varios cortes en forma de V en un lado del tubo, siguiendo la curvatura mientras se aprieta el tubo sobre la tubería (h) y luego sellar los cortes y las juntas con cinta aisladora para mantener las piezas firmes en su lugar.

¿Quiere saber más?

Pase al siguiente nivel...

Remítase a...
• **Aislar bohardillas** - páginas 110-11
• **Canillas de agua exteriores** - páginas 176-7
• **Verificaciones de rutina** - páginas 14-17

Otras fuentes
• **Comercios especializados**
Solicite asesoramiento para comprar las herramientas adecuadas

Trabajos

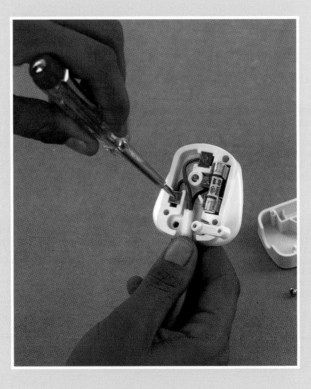

eléctricos

La electricidad es muy peligrosa a menos que la trabajen manos experimentadas, pero aun así hay una cantidad de trabajos básicos que usted mismo puede realizar con confianza.

▶ Instalar un timbre

Este es uno de los trabajos que cualquiera con un poco de habilidades aspira realizar. Puede parecer absurdo contratar a un profesional que sólo requiere un conocimiento básico sobre electricidad, y el uso más simple de herramientas y materiales.

Instalar un timbre con mecanismo de cuerda

Los timbres más fáciles de instalar son los modelos con mecanismo de cuerda, los cuales no requieren cables para electricidad. Funcionan accionando la cuerda y cuando se presiona el botón que tienen conectado se libera el resorte y esto provoca que el percutor golpee la campanilla. El lado menos atractivo que tiene este tipo de timbre es que hay que darle cuerda con frecuencia. Sin embargo, no hay que excederse ya que se puede atascar y no funcionará correctamente.

Para instalar un timbre de cuerda perforar un agujero en la puerta desde la parte de afuera y empujar el eje del botón hacia el interior (a). Atornillar en la parte exterior de la puerta. En la parte interior de la puerta colocar la base de la campanilla sobre el eje y atornillar con firmeza en su lugar (b). Retirar la cobertura exterior del timbre y darle cuerda al mecanismo (c). El timbre ya está listo para funcionar.

DATOS ÚTILES
Herramientas necesarias
Agujereadora y mecha
Destornillador
Taladradora eléctrica con percutor
Martillo
Cortacables
Grapas para cable

TRABAJOS ELÉCTRICOS

134

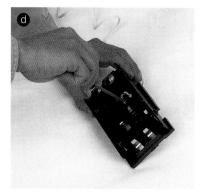

Instalar un timbre de batería

Se puede instalar un timbre con un sistema operado con baterías en cualquier lugar cercano a la puerta, pero no se debe colocar cerca de una fuente de calor. El lugar para las baterías normalmente está ubicado dentro del compartimiento de la campanilla, con dos terminales para llegar hasta el otro extremo de los cables provenientes del botón del timbre. No importa el orden en que se conecten los alambres a los terminales (d).

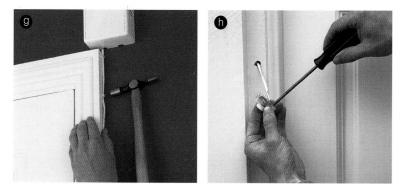

Perforar un agujero a través del marco de la puerta para el cable. Fijar la caja de la batería en la pared de arriba de la puerta (e), bajar el cable junto al marco y pasarlo al otro lado por el agujero. Colocar la cobertura en su lugar (f). Martillar suavemente las grapas para asegurar el cable prolijamente al marco (g). Separar los conductores y unir cada uno al extremo del terminal de la campanilla (h). Atornillar el fijador del botón en su lugar.

▶ # Arreglar un fusible y armar un enchufe

Arreglar un fusible es el gran cliché de los trabajos caseros. Se supone que todos deben saber hacerlo. El conocimiento básico que se requiere para este trabajo es un requerimiento esencial de cualquier propietario responsable, como lo es armar un enchufe.

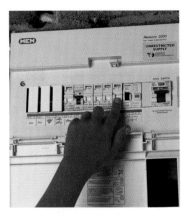

Localizar el tablero de los fusibles, utilizando una linterna si es necesario. Verificar que la llave maestra esté desconectada y luego buscar el fusible que necesita el cambio de alambre.

La siguiente es información muy útil: siempre hay que tener a mano y en un lugar accesible cercano al tablero de los fusibles una linterna, pilas de repuesto, alambre para fusibles, velas y fósforos. De este modo, si queda a oscuras cuando se quema un fusible estará bien preparado.

Arreglar un fusible

Si el tablero se encuentra en un lugar oscuro e inaccesible, como siempre sucede, utilizar la linterna para verificar que la llave principal del tablero se encuentre en la posición de apagado. Probablemente así será, ya que cuando se quema un fusible normalmente envía la llave a esta posición.

Para localizar el fusible quemado sacarlos uno por uno e inspeccionar que el alambre finito no esté roto. En la carta de alambre para fusibles seleccionar el del amperio adecuado para el del fusible que se quemó. Sacar los dos tornillitos que se encuentran en los extremos del fusible con un destornillador pequeño. Retirar los restos del alambre roto y pasar el alambre por el centro de porcelana del fusible. Envolver el alambre alrededor del primer tornillo, luego por el segundo y volver a ajustar los tornillos, recortar el alambre sobrante con un alicate.

Volver a colocar el fusible arreglado y la tapa del tablero. Colocar la llave maestra en la posición encendido y volverá el suministro de electricidad.

DATOS ÚTILES

Herramientas necesarias
Linterna
Taladradora eléctrica con percutor
Alicate
Destornillador común

136

Armar un enchufe

Abrir la tapa del enchufe con un destornillador y sacar el aislamiento de cada cable con un pelacables (a). Colocar los extremos de cobre expuestos en los terminales correctos con la punta de un alicate: marrón al vivo, amarillo y verde a tierra, y azul al neutro (b).

Sostener los alambres en los terminales y apretar los tornillos sobre estos con un destornillador (c). Finalmente, apretar los tornillos para sostener el cable (d), volver a colocar la tapa y está listo para usar.

¡CUIDADO!

Observar los alambres
Al asegurar los alambres en los terminales de un enchufe no hay que dejar ningún trozo que sobresalga.

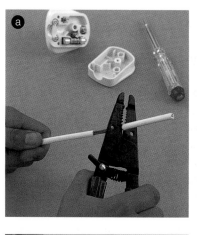

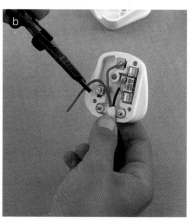

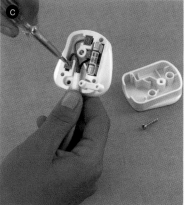

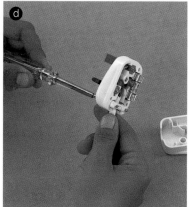

▶ Cambiar un portalámpara

Esta es una habilidad que resulta muy útil para renovar los accesorios de una habitación, en especial después de pintar, cuando los portalámparas pueden dejar expuestos lugares que no estaban bien pintados.

Sacar el viejo portalámpara

Antes de hacer algo ¡cortar la electricidad! Luego desenroscar la parte superior del portalámpara (a) para dejar expuestos los dos cables de conexión, que están sostenidos por dos tornillos.
Desatornillarlos (b) para liberar los cables y cambiar el portalámpara roto. La parte superior del mismo se deslizará hacia abajo sobre los cables para completar el proceso del cambio.

Los extremos de los cables estarán quebradizos por el calor de la bombilla de luz durante un largo período; así que se deben cortar los últimos 25 mm. Luego, cortar 12 mm más del aislante con un pelacables (c) antes de colocar el nuevo portalámpara.

A veces, los portalámparas muy viejos resultan difíciles de desenroscar. Esto se debe a que la suciedad entró en la rosca y se soluciona con un poco de lubricación.

Colocar el nuevo portalámpara

Desenroscar la parte superior del nuevo portalámpara y deslizarla sobre los cables. Luego, sostenerla con un trozo de cinta adhesiva para que no se deslice hacia abajo hasta que se hayan conectado los cables en el cuerpo principal del nuevo portalámpara.
Desenroscar los tornillos del nuevo portalámpara, insertar los cables y ajustarlos uno a uno (e).

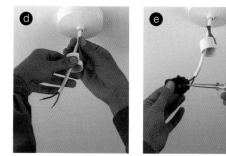

No importa de qué lado se colocan los cables en el portalámpara. Realizar una lazada con los mismos para que el peso caiga sobre los terminales y para reducir la tensión sobre todo el accesorio.

Sacar la cinta para deslizar la parte superior del portalámpara y atornillarla sobre el cuerpo principal. Luego, desenroscar el aro de retención de plástico que sostiene la pantalla de la bombilla de luz e insertar la pantalla (f).

Volver a enroscar el aro de retención en su lugar (g). Finalmente, colocar la bombilla de luz nueva y volver a conectar el suministro de electricidad.

Si el nuevo portalámpara no funciona correctamente es posible que la bombilla de luz se haya quemado o que los cables no estén bien sujetos. Verificar ambas cosas.

▶ Cambiar un enchufe

Se puede cambiar un enchufe después de decorar una habitación como parte de la renovación, o se puede reemplazar uno simple por uno doble.

Antes de comenzar con este trabajo se debe determinar dónde se van a colocar los muebles y artefactos de la habitación para instalar las fuentes de energía en lugares de fácil acceso. Quizá se deba mover un enchufe de atrás de algún mueble grande o se necesite otra fuente de energía y no se quiera utilizar una extensión; en estas páginas explicaremos cómo hacerlo con el menor desorden posible.

El suministro de energía es simplemente un cable continuo de 2,5 mm par y tierra (tres ejes; dos revestidos: vivo y neutro, uno sin revestimiento: tierra), que sale desde donde están ubicadas las fuentes de energía y luego continúa hasta el punto siguiente, y así sucesivamente. Esto se denomina "circuito principal" y hay uno en cada piso de una casa para energía y otro para iluminación.

Cambiar un enchufe simple por uno doble

Cortar el suministro de electricidad desde la llave principal. Desatornillar los tornillos del enchufe simple y tirar de la tapa para poder ver los cables (a). Desatornillar los cables y sacar la tapa del enchufe. Desconectar el interior del enchufe simple y sacar la caja de atrás con la mano (b).

Si el enchufe está colocado sobre una pared divisoria de cartón-yeso, marcar la parte exterior de la caja sobre la pared con un lápiz y cortar el trozo de cartón-yeso con un cortafierro (c).

Colocar la nueva caja trasera de cartón-yeso sacando los cables hacia la parte delantera de la misma (d). El cableado es el mismo para un enchufe

a

TRABAJOS ELÉCTRICOS

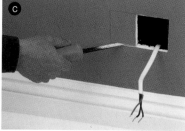

simple que para uno doble (dos cables rojos —vivo—, dos negros —neutro—, dos verdes y amarillos —tierra—). Conectar los cables (e), colocar la tapa del enchufe doble y ajustar los tornillos (f).

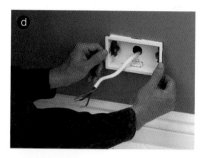

Si el enchufe está colocado en una pared sólida, presentar la caja del enchufe doble y marcar la pared con un lápiz. Sacar la caja del enchufe simple.

Perforar una serie de agujeros con la agujereadora y la mecha para mampostería siguiendo la línea de lápiz que llegue hasta la nueva caja trasera. Luego, utilizar la maza y un cincel para romper el resto del yeso y los ladrillos de alrededor de los agujeros.

Colocar la caja del enchufe doble en la nueva abertura y marcar dos de los tornillos de fijación. Perforar los agujeros con los tornillos y colocar las espigas. Pasar los cables y fijar la caja trasera en su lugar, alineándola con la línea del yeso. Finalmente, arreglar los bordes del yeso de alrededor de la caja con relleno y emparejar con una lija; si es necesario, volver a pintar la zona de alrededor del enchufe.

▶ Colocar luces de pared

Las luces de pared ofrecen una alternativa estética y sutil para las luces colgantes. Es importante tener en cuenta la ubicación, pero no son difíciles de instalar.

Cortar la acanaladura

Marcar el lugar donde se va a colocar la luz de pared y utilizar un nivel de burbuja y un lápiz para tratar dos líneas de 40 mm de ancho hasta el cielorraso. Cortar las líneas con una maza de 1 k y un cincel angosto. Cortar el yeso para formar la acanaladura o canal para el cable con un cortafierro y un martillo. Normalmente, el yeso tiene el espesor suficiente como para colocar el cable, pero es una buena idea poner el cable en un conducto de plástico para protegerlo. Para ello hay que cortar la acanaladura un poco más profunda a fin de acomodar el conducto. Para fijarlo, se pueden utilizar clavos galvanizados de 40 mm clavados en las juntas del enlucido (b).

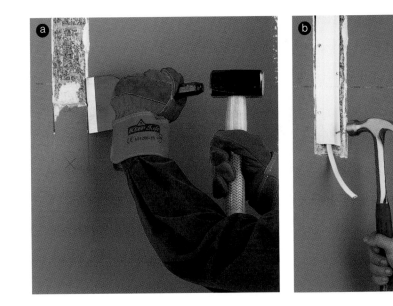

Colocar yeso sobre el conducto para dar una buena terminación (c). El cable que se debe utilizar es el estándar de 1 mm^2 del tipo tripolar. Ajustar la llave de luz y el cable en la caja de conexión y sacar el cable hacia adentro y hacia afuera para cada ubicación de las luces de pared, terminando el recorrido del cable en la última ubicación de la luz de pared.

Cortar el extremo de los cables conductores, ajustando los dos conductores rojos en un terminal y los dos negros en el segundo. El cable a tierra se debe pelar y conectar en la caja de montaje.

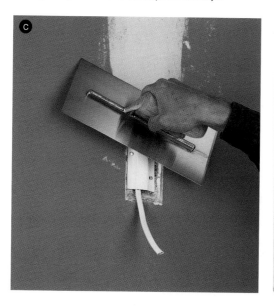

Colocar la luz de pared

Marcar la ubicación de la luz sobre la pared con un lápiz y un nivel de burbuja (d). Para instalar una serie de luces en la pared o en más de una pared verificar que estén separadas en forma pareja y correctamente centradas. Nada luce peor que un par o una serie de luces que no están bien arregladas.

Perforar agujeros de fijación en la pared para todos los accesorios de luces (e), cuidando de no dañar el cable de la acanaladura al hacerlo. Insertar espigas (tarugos) en la pared y enroscar a mano ganchos o tornillos para sostener los accesorios en la pared (f).

¡CUIDADO!

¿El circuito correcto?
Verificar qué conexiones se están realizando antes de embarcarse en este trabajo. Ante la duda, es conveniente consultar con un electricista.

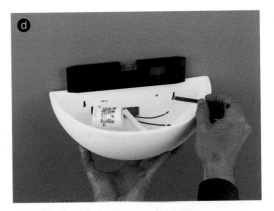

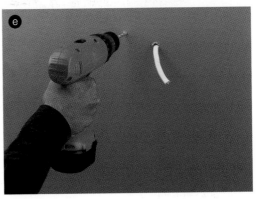

Sostener el accesorio, pasar los extremos de los cables por los agujeros de la parte posterior y fijarlo contra la pared (g).

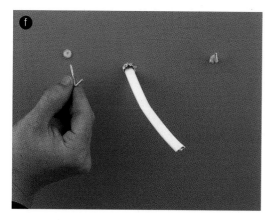

Cortar 12 mm de la aislación de los conductores y fijar el conductor marrón en el otro extremo del terminal rojo, y el conductor azul en el otro extremo del terminal negro (h).

Verificar que se está colocando el cable correcto en el terminal correcto antes de atornillar el cable en su lugar y realizar la conexión.

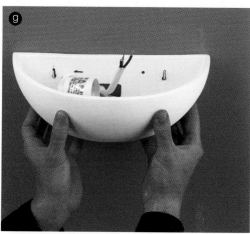

Antes de comenzar con la conexión final verificar que la llave principal esté apagada.

Encender la llave principal y ¡a disfrutar de las nuevas luces de pared! Finalmente, arreglar cualquier daño que se haya producido en la habitación durante la instalación de las luces.

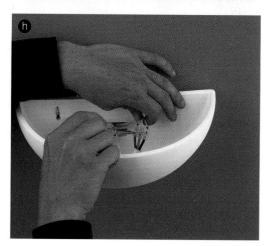

▶ Colocar una guía para *spots*

Una guía para proyectores orientables (*spots*) ofrece otra forma
alternativa de iluminación y resulta muy útil para alumbrar rincones
o zonas oscuras de una habitación. Se pueden comprar listas para
colocar y vienen en varios diseños.

Los bloques de conexión de los sistemas de guías se
ubican en un extremo de la guía, por eso se debe
tener esto en cuenta a la hora de la elección ya que
afectará el lugar de la habitación en el que se podrán
colocar los proyectores orientables. También hay
algunas guías con el bloque de conexión en el
medio, lo cual evitará tener que realizar
modificaciones en el circuito de iluminación.

Antes de comenzar corte la tensión. Desenroscar
la roseta del cielorraso con la mano (a) y luego
desconectar los cables de los terminales con un
destornillador común (b). Luego, desenroscar la base
de la roseta (c).

DATOS ÚTILES

Herramientas necesarias
Cinta métrica
Destornillador para
electricidad
Martillo
Cinta aisladora
Destornillador común
Agujereadora y mecha pilot
Pelacables

TRABAJOS ELÉCTRICOS

146

Si se tiene acceso al piso de arriba, levantar las tablas que se encuentren directamente arriba de la roseta y reemplazarlas por una caja de empalme colocada entre las tablas del piso y el cielorraso. Siempre que sea posible colocar la guía en alguna viga del piso.

Marcar puntos para agujerear con un lápiz (d), perforar los agujeros y colocar las espigas para los tornillos que sostendrán la base de la guía (e).

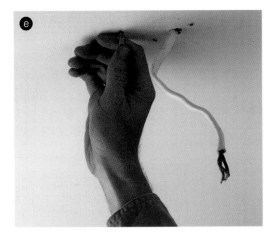

Iluminación de bajo voltaje

Los sistemas de iluminación de bajo voltaje tienen estructuras atractivas, pero son complicados de instalar. Sin embargo, hay un nuevo sistema de bajo voltaje más simple, sin transformadores, los cuales se encuentran adentro de las lámparas. Consulte con su proveedor si las condiciones de su hogar son apropiadas para estos sistemas.

Alternativamente, colocar algunas tablas sobre el hueco del cielorraso para ubicar los accesorios de la guía. Atornillar la base de la guía en las vigas o en las tablas (f) y colocar los dobleces en el hueco del techo. Seguir las instrucciones que vienen con la guía.

Colocar un extremo del cable en la caja de empalme y el otro en las conexiones de la guía (g). Unir la parte inferior de la guía (h) y volver a conectar la tensión. Ajustar los ángulos de cada proyector para que iluminen todos los sectores de la habitación en forma apropiada. No tocar las bombillas de luz de los proyectores.

TRABAJOS ELÉCTRICOS

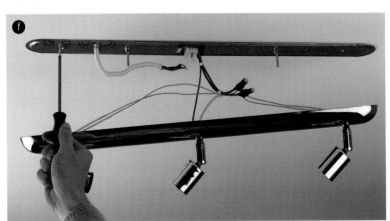

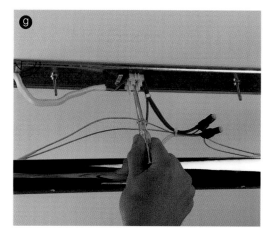

Los accesorios para el cielorraso y las instrucciones vienen en todos los sistemas de guías para proyectores orientables.

Verificar que la cantidad de luces no sobrecargue el circuito de iluminación (el comercio que vende estas guías podrá aconsejar acerca de este tema).

Como regla general, si existen dudas sobre emprender una tarea eléctrica como esta, no se debe realizar y lo mejor es llamar a un electricista. La electricidad es un área de las tareas de la casa en la que no se puede arriesgar.

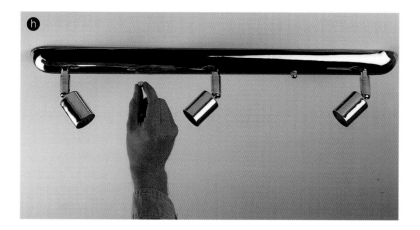

Colocar una roseta decorativa en el cielorraso

Las rosetas decorativas para cielorrasos eran muy populares en el siglo XIX. Sin embargo, una casa no tiene que pertenecer a ese siglo para beneficiarse con una de ellas. Las rosetas se pueden comprar listas para armar y vienen en diferentes diseños.

Hay muchas rosetas de yeso para cielorrasos para elegir. También se pueden comprar de plástico y poliestireno en los comercios de decoración. Pero para conseguir algo distinto hay que ir a un especialista en yeso fibroso, quien puede ofrecer una amplia variedad de diseños.

Una roseta pequeña o mediana la puede colocar una persona sola o con la ayuda de un amigo, pero una roseta grande y pesada requerirá de varios amigos o de la ayuda de un profesional.

Colocar una nueva roseta

Antes de comenzar a trabajar en el cielorraso hay que colocar una plataforma segura. Suponiendo que no hay una luz central en el lugar, lo primero que hay que hacer es buscar el centro del techo.

TRABAJOS ELÉCTRICOS

150

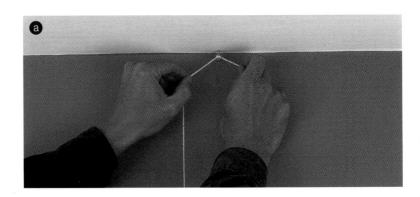

a

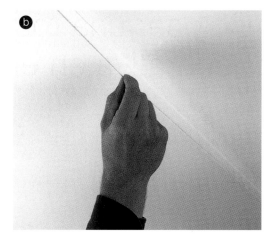

Esto se puede lograr extendiendo dos cuerdas en forma diagonal de un rincón al otro del cielorraso (a).

El punto donde se cruzan las cuerdas marcará el centro (b). Si hay algún accesorio en el lugar, se debe cortar la tensión y retirarlo después.

Sostener la nueva roseta y delinear el contorno con un lápiz en el cielorraso para marcar la posición de ajuste (c).

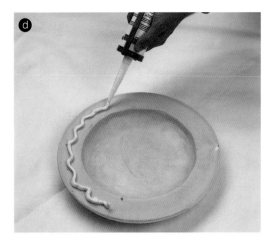

Para una roseta liviana, como la que se muestra en las fotografías, aplicar una capa de adhesivo PVA y agua en el cielorraso (retirar cualquier resto de empapelado) y en la parte trasera de la roseta para sellar ambas superficies (d). Aplicar adhesivo para yeso o azulejos en la parte trasera de la roseta y presionarla en su lugar (e). Limpiar los excesos de yeso o de adhesivo (f). Pedir a alguien que sostenga la roseta en su lugar y sacar el cable a través del centro de la roseta.

¡CUIDADO!

Adherirla bien
Verificar que el elemento seleccionado para pegar sostendrá el peso de la roseta de lo contrario el cielorraso se puede desplomar.

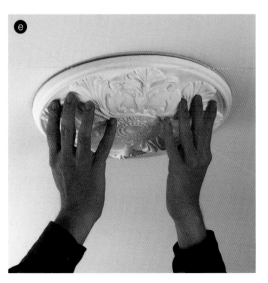

Utilizar un pelacables para cortar el cable y dejar expuestos los alambres para conectar (g). Colocar relleno en las cabezas de los tornillos y dejar secar. Pintar para terminar, ajustando bien la roseta en el cielorraso.

Para instalar una roseta pesada utilizar un detector de vigas para localizar las que se encuentren cerca de la roseta. Tomar la regla y el lápiz, y trazar dos líneas sobre el techo y luego transferirlas a la roseta, perforar dos agujeros pilot, luego avellanar para una luz y preparar dos tornillos de bronce largos para fijar.

¿Quiere saber más?

Pase al siguiente nivel...

Remitirse a...
- **Herramientas eléctricas** - página 10
- **Luces de seguridad** - páginas 182-5

Trabajos al

aire libre

Una de las mejores cosas
acerca de aprender
habilidades es que no sólo
se puede mejorar la casa
sino también el jardín, la
entrada del garaje, los
senderos, las dependencias
y muchos otros elementos
que se encuentran al aire
libre.

► Arreglar y realinear una puerta de jardín

Las puertas de jardín se van rompiendo con el uso constante, por lo tanto hay que mantener alineadas las bisagras o el pestillo. Las puertas de madera se pudren con el mal tiempo, así que necesitan más arreglos generales.

El problema principal con las puertas de jardín viejas es que comienzan a combarse y no quedan alineadas con el pestillo que se encuentra en el poste. Perforar agujeros pilot para volver a alinearlas (a) y colocar nuevamente la base del pestillo en el poste de las puertas, asegurándolas con tornillos para madera.

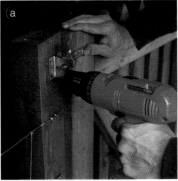

La madera se contrae cuando seca, así que se deben colocar tornillos un poco más largos para lograr un buen ajuste (b) y que la base del pestillo no se vuelva a deslizar en el poste.

Si la puerta tiene algunas partes podridas, apoyarla sobre una banqueta o en un banco de trabajo antes de trabajar sobre ella.

Sacar con cuidado las partes podridas con un martillo de pico, tenazas y destornillador o con las herramientas más apropiadas (c). Utilizar una de las tablas de la puerta como modelo, cortar y dar forma a la nueva tabla de reemplazo (d). Darle dos manos de conservante para madera antes de colocarla en la puerta (e). Agujerear y colocar los tornillos de fijación de la nueva estaca o trozo de reemplazo (f). Rellenar las cabezas de los tornillos, lijar bien toda la puerta y volver a aplicar conservador, incluso a los postes. Si decide pintar la puerta con pintura en lugar de conservador para madera, esta no la protegerá tanto y se pudrirá o ampollará más rápido. Antes de pintar, sellar la madera virgen, luego aplicar dos manos de base y una final. Cuando esté terminada, volverla a colocar (g), verificando que no

toque el suelo y que esté perfectamente alineada con los postes.

▶ Arreglar una cerca

Si la cerca del jardín se pudre o se vuela con un viento intenso, puede resultar muy costoso hacerla arreglar por un profesional. Es mucho mejor tener los conocimientos para prevenir estos problemas y mantener la cerca en pie.

Básicamente existen dos tipos de cercas: el primero es la variedad de ripio, ya que la cerca tiene un pequeño contacto con el suelo, no se pudre y se usa con postes de concreto y paneles de madera. Aunque no requiere mantenimiento, este tipo de cerca es bastante llamativo y no muy atractivo. El segundo tipo está construido completamente de madera. Cuando los paneles inferiores que están en contacto con la grava se pudren simplemente se reemplazan por nuevos con un par de tornillos en cada extremo de la base del poste (a). La mayoría de los productos de madera para cercas vienen con una capa de conservador marrón o marrón dorado, el cual se desvanece rápidamente ya que es una solución al agua. Resulta una buena idea aplicar una capa de conservador sobre estos que generalmente son preparaciones baratas. En la actualidad, se puede conseguir una sorprendente variedad de colores de conservadores para madera al agua o al alcohol.

DATOS ÚTILES

Herramientas necesarias
Agujereadora de batería
Nivel de burbuja
Cuerda
Pala
Barreta larga
Martillo
Martillo macho

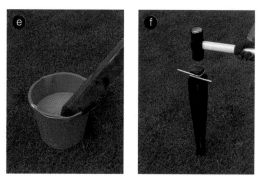

El trabajo de colocación de un poste nuevo es relativamente fácil después de haber retirado los restos del viejo. El nuevo poste requiere un agujero con una profundidad mínima de 460 mm. Utilizar una mezcla de cemento dura o sin demasiada agua. Colocar el cemento alrededor del poste con una tabla de madera (c).

Verificar que el poste esté alineado con los costados adyacentes y alinearlo con los otros postes utilizando una cuerda. Colocar algunas cuñas temporarias para mantener el poste erguido hasta que el cemento se asiente (d).

Obviamente, los postes de madera blanda duran muy poco en el suelo. Para aumentar la vida útil del poste, utilizar postes tratados con presión. Alternativamente, colocar los postes erguidos en un balde con conservador durante dos días como mínimo para prolongar su vida útil (e).

Una forma alternativa de fijar los postes, y que ofrece la ventaja de no tener que cavar, es utilizar bases reforzadas para postes. Las mismas resultan una alternativa muy útil para evitar el cemento. Es fundamental colocarlas bien rectas, utilizar la resina que viene con ellas y darles un golpe firme con el martillo macho (f).

Una vez que la base está firme en el suelo sólo resta deslizar el poste en ella (g).

Construir y colocar enrejados

Un nuevo enrejado ofrece un hermoso elemento en el jardín y una práctica innovación que brinda apoyo y protección a las plantas. Se pueden comprar listos para armar, vienen en una amplia variedad de estilos y no son difíciles de construir.

A menudo la gente quiere elevar la altura de un linde existente. Un método simple y atractivo de lograrlo, no muy oneroso, es colocar un enrejado. No sólo elevará la altura del linde y reducirá la exposición a las miradas de los vecinos y transeúntes, sino que con las plantas adecuadas se convertirá en el centro de las miradas en la mayoría de los jardines.

Para fijar un poste en la pared, primero hay que cortarlo por la mitad del ancho con un serrucho filoso a una distancia mínima de 610 mm desde la parte inferior del mismo. Después de tratar la superficie cortada con un buen conservador para maderas (a), perforar agujeros pilot y fijarla en la pared con espigas y tornillos (b). Colocar una cuerda entre todos los postes para verificar que se encuentran alineados a lo largo del linde.

Utilizar trozos finos de madera o cartón para ajustar los postes con el nivel de burbuja y la línea de la cuerda para que de este modo queden todos al mismo nivel. Luego, perforar agujeros pilot y fijar con tornillos los paneles del enrejado a los postes (c). Comprar o construir protectores para proteger la parte superior de los postes de las inclemencias climáticas.

Una persona ambiciosa puede construir los paneles del enrejado en casa. Un enrejado muy simple y atractivo es el que tiene un diseño de diamante.

Después de decidir el tamaño del enrejado (no hay por qué restringirse al tamaño de los paneles estándar), preparar un marco exterior y fijar los componentes con clavos anillados (d).

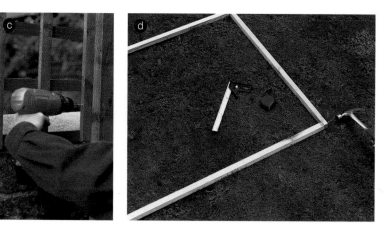

Estos clavos tienen un tipo de rosca que impide que el panel se separe del poste (un elemento muy útil si el jardín es ventoso).

Medir un ángulo de 45° con la escuadra ajustable y luego marcar el marco y clavar la primera tabla. Utilizar los mismos espaciadores arriba y abajo, y colocar y fijar la tabla siguiente (e), verificando que esté alineada perfectamente con la primera tabla antes de fijarla en el marco. Repetir este proceso en todo el marco. Volver a utilizar la escuadra ajustable y repetir el diseño en el otro sentido utilizando los mismos espaciadores y fijando las tablas atravesando la primera capa de tablas. Volver a utilizar clavos roscados para fijarlas.

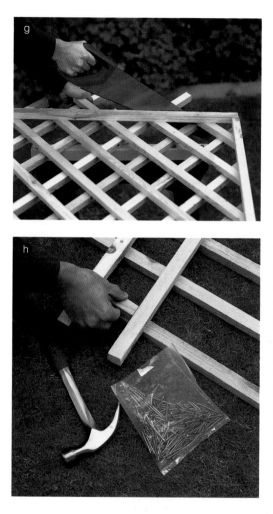

Las plantas

Si la intención es diseñar y construir un enrejado en lugar de comprar uno listo para armar, se debe tener en cuenta qué plantas se van a colocar cuando esté terminado. Por ejemplo, si se construye un enrejado con un diseño grande y espaciado no será adecuado para plantas que requieran mucho soporte cuando están recién plantadas. Del mismo modo, un enrejado intrincado se perderá atrás de una planta trepadora invasiva con un hábito de extensión profuso. También se debe tener en cuenta que hay que pintar el enrejado con algún producto que no dañe las plantas, ya que algunas pinturas son venenosas.

Una vez que todas las tablas estén fijas y se haya completado el diseño de diamante en todo el marco, recortar la madera excedente para formar un panel consistente (g). Finalmente, decorar el panel a gusto.

Para construir un enrejado cuadrado, utilizar el mismo método descripto arriba, pero aplicar espaciadores en un ángulo de 90° a cada capa en lugar de los ángulos de 45° que forman los diamantes (f). Recordar que el largo de los espaciadores determina el tamaño de los cuadrados.

TRABAJOS AL AIRE LIBRE

163

Arreglo de patios

Al igual que todos los elementos exteriores, los patios se gastan y se rompen de acuerdo con los caprichos del clima. Sin importar la durabilidad de los materiales del patio, en algún momento será necesario realizar arreglos y mejoras básicas.

Los patios de los jardines orientados hacia el norte son propensos a tener muchos problemas, ya que las algas y líquenes florecen en las condiciones húmedas de estos jardines. Aquí hay algunos indicadores sobre cómo mantener el patio en las mejores condiciones posibles.

Las baldosas se deben colocar sobre mezcla y NUNCA sobre arena. Si fueron colocadas sobre arena hay que levantarlas, limpiarlas y volver a colocarlas sobre la mezcla. No se debe tratar de economizar colocando pequeñas cantidades de mezcla, ya que al poco tiempo estará todo lleno de insectos. En lugar de ello colocar las baldosas sobre una capa de mezcla generosa para pavimentar (cuatro partes de arena gruesa, dos partes de arena fina, una parte de cemento). Utilizar un balde para medir los materiales correctamente. Agregar agua a la mezcla y sustancia plasticizadora para mantenerla fácil de trabajar.

DATOS ÚTILES

Herramientas necesarias
Maza
Cincel pequeño
Cortafierro
Pala
Escoba para patios
Cepillo suave
Regadera
Mezclador
Cucharín
Cepillo de alambre

TRABAJOS AL AIRE LIBRE

Seguir cuidadosamente las instrucciones y usar ropa protectora. Mezclar el producto químico con el agua y aplicar con una regadera (a), frotar la superficie vigorosamente con una escoba para patios y enjuagar con agua fría.

Si el patio está construido sobre arena y crecen malezas entre las baldosas, sacarlas con un cucharín y un cincel (b), barrer y rellenar las juntas con una mezcla de tres partes de arena fina y una parte de cemento. Colocar la mezcla en las juntas (c) y frotar con un cepillo de alambre.

Para cambiar una baldosa rota, romper la junta con un cincel y una maza (d) y luego romper la baldosa con una barreta apoyada sobre un trozo de madera para no dañar la baldosa de al lado (e).

Colocar la baldosa nueva (f). Se puede utilizar cemento seco esparcido en el agujero y remojado con una regadera antes de colocar la baldosa, aunque lo ideal sería utilizar cemento húmedo para lograr una mejor adherencia y evitar que emerjan malezas de debajo de la nueva baldosa.

Verificar que la nueva baldosa quede bien nivelada con el resto. Utilizar un mazo de goma o el mango de madera de una maza para golpear suavemente y terminar de colocar la baldosa en su lugar (g), cuidando de no romperla durante el proceso.

¡CUIDADO!

Nivelación
No se debe colocar demasiado cemento en el espacio que dejó la baldosa rota. Una vez que la baldosa nueva se asienta es muy difícil volverla a sacar.

TRABAJOS AL AIRE LIBRE

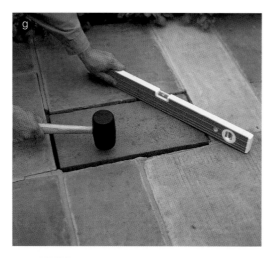

Todo lo que queda por hacer es la junta (h), y
para eso se debe utilizar exactamente la misma
técnica descripta con anterioridad.

Al realizar las juntas de las baldosas nuevas hay
que tratar de utilizar la misma mezcla de la lechada
que se utilizó cuando se construyó el piso del patio,
ya que de otro modo la nueva lechada se secará de
otro color y la nueva baldosa se destacará. El clima
se encarga de este problema con el transcurso del
tiempo, pero lo mejor es que los arreglos sean lo
menos descollantes desde el comienzo.

Construir una parrilla

En los comercios se pueden comprar parrillas de las formas y tamaños que a uno se le ocurran, pero si uno toma con seriedad el tema de los asados y disfruta de los trabajos que realiza en casa, ¿qué mejor que construir una propia? Los materiales para construir esta parrilla son relativamente costosos, pero durarán años.

El lugar elegido para una parrilla debe ser un sector pavimentado, a un costado del patio principal. La parrilla debe estar en un terreno firme (con un poco de cemento o pavimento).

Preparar un marco de madera para que actúe como una guía del tamaño de la parrilla. Presentar los ladrillos (sin cemento) para determinar el espacio que ocupará la construcción. Colocar los ladrillos sobre una capa de mezcla preparada con cinco partes de arena fina por cada parte de cemento, con un agregado de sustancia plasticizadora (a).

Utilizar un nivel de burbuja para que el enladrillado quede nivelado. Aquí se utiliza un pavimento de baldosas como base.

DATOS ÚTILES

Herramientas necesarias
Nivel de burbuja
Cucharín
Maza
Cincel
Cepillo de alambre
Anteojos protectores
Guantes

Colocar una baldosa hacia abajo como guía de la ubicación de la pared independiente (b). Se puede utilizar una baldosa para pavimento de 1 x 0,6 m o una baldosa como esta de 0,6 x 0,6 m.

Para que el enladrillado quede bien unido, se deben cortar medios ladrillos. Cortarlos sobre una superficie blanda, con un cincel y una maza (c). Usar ropa protectora para esta operación.

Después de construir el enladrillado hasta la altura correcta para la mesada lateral, colocar algunos ladrillos como se muestra en la fotografía (d)

¡CUIDADO!

Mantener el nivel
Utilizar el nivel de burbuja durante toda la construcción para verificar que todo está nivelado. Esto reducirá los desastres de cocción más adelante.

para que actúen como soportes de la mesada y de la parrilla.

Verificar el ancho de la parrilla antes de colocar y fijar los soportes de ladrillos, de manera que cuando esté terminada tenga un buen calce en ese espacio.

Repetir la construcción de los soportes dos hileras más arriba para sostener la parrilla de cocción (e). Volver a medir la posición de los mismos para no tener sorpresas desagradables una vez terminada el trabajo.

Para completar la parrilla se requieren dos hileras más de ladrillos. Colocar cuatro ganchos de metal en la mezcla, debajo de la última hilera de ladrillos para sostener la parrilla de cocción (f).

Se puede colocar una terminación plana decorativa o una hilera de ladrillos de canto para terminar. Esto no sólo tendrá un buen aspecto sino que resultará muy útil para apoyar las bebidas mientras se cocina.

Colocar una baldosa de pavimento sobre una capa de mezcla para construir una mesada junto al cuerpo principal de la parrilla (g). Dejar que el enladrillado se cure durante un par de horas. Luego, utilizar un cepillo de alambre para raspar la capa exterior de la mezcla y que el trabajo quede prolijo.

Finalmente, pasar un cepillo de mano blando al enladrillado para completar el trabajo (h) sin arruinar la mezcla.

Construir un cobertizo

Los cobertizos para jardín de diversos tamaños se pueden comprar en los comercios que venden artículos para el hogar. Normalmente, traen instrucciones detalladas y no son difíciles de armar.

Lo ideal es armar el cobertizo sobre una base de listones de cemento, pero eso resulta bastante complicado y costoso. Si el cobertizo trae un piso de madera, como la mayoría, la estructura quedará un poco elevada del suelo para que el aire circule por abajo y no se pudra. El siguiente es un método rápido, barato y fácil para construir una base de apoyo.

Cortar tres bloques de cemento por la mitad para formar seis bases de apoyo. Colocarlos en los cuatro extremos del piso de madera y dos en el centro. Cavar con una pala y enterrarlos dejando sólo los extremos sobre la superficie. Acomodarlos para que queden nivelados y verificar utilizando un nivel de burbuja y una tablilla. Colocar los postes de 100 x 100 mm sobre las bases para apoyar el piso (a).

Apoyar el piso sobre las bases (b) (no se necesitan ajustes para esta parte del armado) y volver a verificar la nivelación.

Luego, ajustar las paredes. Si no hay nadie para ayudar, sostener el primer panel con un soporte en ángulo mientras se atornilla en la guía inferior de la base. Colocar el segundo panel y atornillar la guía

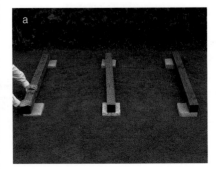

lateral (c), hacer lo mismo con la guía de la base y sacar el soporte. Armar los otros paneles del mismo modo. El techo viene en secciones fáciles de encastrar (d). Fijarlo con los tornillos en las guías. El fieltro viene en tres secciones y la sección central se coloca al final sobre las dos secciones de los costados y se fijan con clavos roscados galvanizados (e). De este modo el cobertizo tendrá una protección a prueba de agua y se debe tener sumo cuidado en no romperlo durante la construcción.

En las elevaciones delantera y trasera se colocan tablas para mantener el fieltro en su lugar. El fieltro se puede fijar con clavos roscados de cada lado o se puede doblar y sostener con una tabla de madera por el lado de abajo. Para terminar el trabajo se puede colocar un florón en los extremos para cubrir las juntas (f), clavado en los cuatro rincones verticales.

► Cambiar el fieltro del techo de un cobertizo

El fieltro de betún se usa comúnmente para proteger los techos de los cobertizos de madera. Aunque es una forma muy económica y efectiva de impermeabilización, se desgasta rápidamente y hay que cambiarlo.

Comenzar sacando los clavos de la madera (a) y retirando el viejo cobertor del techo (b). Utilizar guantes y anteojos protectores para realizar este trabajo. Se puede aprovechar esta oportunidad para aplicar una capa de conservador a los paneles expuestos del techo.

Desenrollar el fieltro, medir el largo y cortar con un cuchillo y regla (c). Dejar unos centímetros de más en cada lado. Volver a enrollar los largos cortados y desenrollarlos sobre cada uno de los lados del techo (d), dejando unos centímetros de caída de cada extremo. Fijar el fieltro en el borde con clavos roscados galvanizados (e). Repetir del otro lado.

Cortar la tercera sección de fieltro, dejando una caída de 50 mm de cada lado. Esta se denomina "pieza de la cumbrera".

La sección de la cumbrera se puede fijar con clavos roscados o con masilla selladora adhesiva.

Esta se aplica con una pistola masilladora (f). Desenrollar el fieltro y presionarlo en su lugar desde el centro hacia fuera (g). Finalmente, clavar todos los bordes colgantes de alrededor para asegurar el fieltro y que no se vuele con el viento (h).

Se puede prolongar la duración del fieltro del techo del cobertizo aplicándole periódicamente pintura de betún. La misma es espesa y pegajosa para aplicar, pero evitará que haya que cambiar el fieltro con mucha frecuencia. Esta pintura se puede conseguir en los comercios del ramo.

Colocar una canilla exterior

Siempre se necesita utilizar agua afuera, pero no siempre hay una canilla de donde sacarla. Sorprendentemente, instalar una es un trabajo bastante sencillo y sin complicaciones.

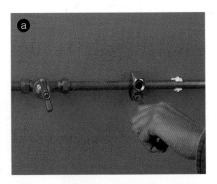

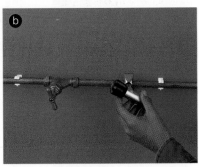

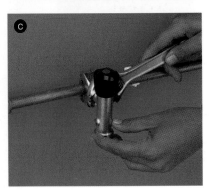

La forma convencional de instalar una canilla exterior consiste en colocar una junta T en la tubería de suministro principal, poner una tubería de cobre junto a la pared hasta una canilla conocida como "grifo". Hay varias formas de instalar una canilla exterior, en especial desde la introducción de las tuberías para agua de plástico. Aquí mostramos una forma para instalar una canilla exterior rápida y fácilmente.

El primer paso consiste en colocar una conexión a la tubería de agua fría existente, junto a la llave de paso. De este modo se podrá hacer un agujero en la tubería sin tener que cerrar el suministro, lo cual ahorra inconvenientes.

Colocar la montura sobre la tubería y atornillarla en la placa de atrás. Esto la asegurará con firmeza sobre la tubería y quedará lista para colocar la válvula (a).

Enroscar lenta y firmemente la válvula (b), verificando que esté cerrada. Insertarla hasta perforar un agujero en la tubería, manteniéndola en posición vertical con la salida hacia abajo. Ajustar la tuerca de cierre de la válvula sobre la montura para que la junta quede hermética (c). Enroscar la manguera en la salida de la válvula (d).

Utilizar un martillo perforador y una mecha para perforar un agujero en la pared exterior desde el interior, verificando desde adentro y desde afuera que llegue al lugar indicado.

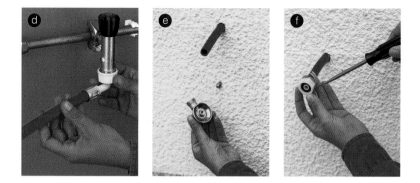

Pasar la manguera flexible a través de la pared (e). Luego hay que fijar la base de la canilla en la pared de manera vertical y alineada con la manguera, a 150-200 mm debajo de la misma. Después de perforar un agujero para el tornillo de la base de la canilla, fijar el tornillo en la pared con una espiga (tarugo) del tamaño adecuado y luego atornillar la base de la canilla. Instalar la canilla en una posición vertical con la entrada para el conector de la manguera hacia arriba. Colocar una abrazadera sobre la manguera y esta sobre el conector macho. Ajustar la abrazadera (f), pero no tanto como para que corte la manguera. Enroscar el conector hembra en el conector macho de la canilla y ajustar la junta con los dedos lo más firme posible (g). Finalmente, enroscar el cuerpo de la canilla (h).

Todos los inviernos, aislar la canilla exterior para que no se congele cerrando la canilla interior y abriendo la exterior para que drenen los residuos.

DATOS ÚTILES

Herramientas necesarias
Llave francesa
Martillo perforador
Mecha para mampostería
Destornillador
Espigas (tarugos)

Instalar un enchufe exterior

Al igual que una fuente de suministro de agua exterior resulta sumamente útil una fuente de suministro de electricidad. Las advertencias acerca del trabajo con electricidad también se aplican aquí: si hay dudas no hay que hacerlo, pero el trabajo es bastante simple.

Hay una gran variedad de enchufes para exterior en el mercado. El tipo que mostramos aquí es de muy buena calidad, resistente al agua, con un DCR (dispositivo de corriente residual), lo cual en términos simples significa que el dispositivo cortará y aislará cualquier artefacto que esté conectado a él en caso de lluvia, sobrevoltaje, o cualquier suceso que amenace la vida. Para conectarlo, extender un cable trifásico de 2,5 mm a través de la pared desde el enchufe externo hasta la unidad de consumo. Alternativamente, se puede conectar a la red de suministro principal o agregar un empalme de un enchufe existente para obtener tensión.

Perforar la pared con un martillo perforador y una mecha para mampostería. Pasar el cable trifásico,

pero no conectarlo al circuito principal hasta después
de colocar el enchufe exterior.

Desatornillar la tapa del interruptor (a) y levantarla
para observar los terminales de conexión de los
cables (b). Pasar los cables a través del protector de
goma. Colocar el enchufe en su lugar y marcar los
puntos de fijación. Perforar los agujeros con una
agujereadora para mampostería y fijar el enchufe con
tornillos y espigas (tarugos) (c).

¡CUIDADO!

Tomar precauciones

Si tiene alguna duda acerca de cómo realizar este trabajo no lo realice y contrate un electricista profesional. Observar los consejos de seguridad para los trabajos eléctricos dados en el capítulo 6 de este libro y tener en cuenta las siguientes precauciones básicas: cortar el suministro de electricidad antes de comenzar algún trabajo eléctrico, no trabajar bajo la lluvia o cuando el suelo esté húmedo; verificar todas las conexiones eléctricas cuidadosamente.

Utilizar un pelacables para acceder a los conductores (d) (ver página 179) y conectarlos a los terminales apropiados: rojo = vivo, negro = neutro y amarillo y verde = tierra (e).

Volver a atornillar la tapa del enchufe (f) y realizar las conexiones internas para el suministro de electricidad (como se muestra en "Cambiar un enchufe", páginas 140-1). Finalmente, volver a dar tensión, enchufar el artefacto que se desee utilizar (g), cerrar la tapa (h) y verificar que todo funcione como debería.

DATOS ÚTILES

Ubicación del enchufe

Aunque los tomas exteriores están fabricados de goma y completamente aislados contra el ingreso de agua, resulta una buena idea colocarlos en un lugar lo más protegido posible. También se debe tener en cuenta por dónde pasarán los cables una vez que estén enchufados: ¿obstaculizarán el paso de los niños o los animales por el jardín provocando situaciones de peligro?

Si se produce algún problema, cortar la tensión y volver a revisar la instalación, prestando especial atención al cableado. Si esto no da resultado, revisar los fusibles del DCR. Si todo funciona bien, pero el DCR corta continuamente la tensión, se debe admitir la derrota y llamar a un electricista.

Instalar iluminación segura en el exterior

La iluminación de seguridad exterior suministra tranquilidad y resulta útil para iluminar el jardín durante la noche. Existe una amplia variedad de tipos y estilos de iluminación, y muchos de ellos son relativamente fáciles de instalar.

Sistemas de operación

Hay dos sistemas de iluminación de seguridad: desde el atardecer hasta el amanecer, que funciona automáticamente y se acciona de acuerdo con los niveles de luz ambiente, y el sistema de sensor infrarrojo, el cual se acciona cuando algo cruza el detector remoto PIR y evita el gasto innecesario de electricidad. Este último sistema es el más elegido ya que ofrece el beneficio de la sorpresa, pues las luces se encienden ante el calor o el movimiento. La única desventaja con este sistema de sensor es que es tan sensible que también lo pueden activar los animales o el viento.

Colocar estas luces es bastante simple, ya sea empalmándolas con el circuito de iluminación existente

o con un adaptador de 13 amp colocado en un enchufe eléctrico. Todas las luces traen las instrucciones de fábrica, que se deben leer cuidadosamente antes de comenzar el trabajo.

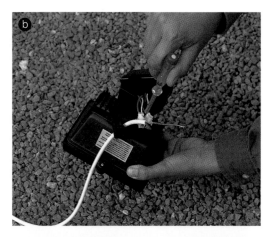

Desatornillar la cobertura trasera de la lámpara para observar los terminales de conexión (a), unir el cable (b) y volver a colocar la tapa. Después de seleccionar la ubicación de la lámpara, fijar los brazos de apoyo en la pared con martillo perforador, adosándolos con espigas (tarugos) y tornillos (c), los cuales ya vienen con la lámpara de seguridad. Unir la lámpara al brazo de

apoyo (d), sin tocarla por dentro. Luego, desenrollar y asegurar el cable en la pared o en las solapaduras de debajo de un alero de la casa como se muestra en el ejemplo de abajo (e).

Alternativamente, perforar un agujero justo atrás de la lámpara y pasar el cable directamente hacia adentro.

En este momento se debe decidir si se coloca la lámpara a un suministro eléctrico de la casa o a un adaptador de 13 amp en un enchufe (f). Por razones de seguridad es recomendable utilizar un DCR en cualquier conexión de un artefacto eléctrico exterior al suministro doméstico. Hay que ajustar el cronómetro de la lámpara de seguridad a los requerimientos personales (g).

DATOS ÚTILES

Luces accionadas con sensores de batería

Los sistemas de iluminación con sensores que funcionan con baterías no se encuentran en los estantes de los supermercados. Sin embargo, los comerciantes minoristas y mayoristas especializados en artículos eléctricos los pueden conseguir de los fabricantes por pedido.

¡CUIDADO!

Bombillas quemadas

Las luces alógenas que se utilizan para seguridad exterior son muy sensibles y extremadamente calientes cuando están iluminadas. Manejarlas con suma atención.

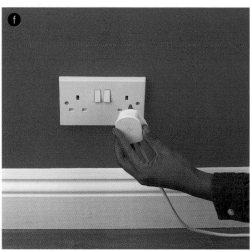

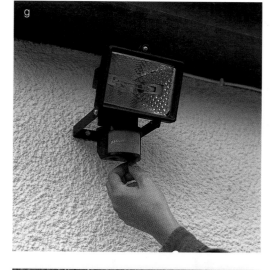

Esto se puede hacer fácilmente girando la perilla con los dedos o con un destornillador. Ver las instrucciones del fabricante de la lámpara en cuestión.

Los sensores individuales se pueden preparar e instalar en forma independiente de la lámpara para ampliar la zona de iluminación o para crear un sistema de alarma rápido.

¿Quiere saber más?

Pase al siguiente nivel...

Remítase a...
• **Planificar el trabajo** - páginas 18-19
• **Barnizar ventanas** - páginas 32-33
• **Guías para *spots*** - páginas 146-9

Otras fuentes
• **Comercios locales del ramo**
Pueden brindar consejos si uno no está seguro de realizar el trabajo
• **Cursos sobre para el tema**
Averiguar sobre cursos de trabajos en madera
• **Folletos de los fabricantes**
Los volantes de los productos pueden brindar inspiración

▶ Glosario

Abocardar: perforar un agujero que permite que la cabeza de un clavo o un tornillo queden bajo una superficie.

Acanalado: una serie de muescas finas diseñadas para mejorar el agarre, por ejemplo una perilla acanalada o el mango de una herramienta.

Agujero pilot: un agujero de diámetro muy pequeño que se perfora antes de insertar un tornillo para madera y que guía la rosca.

Aislamiento: materiales utilizados para reducir la transmisión del calor y el sonido, o materiales no conductores que cubren los cables o las conexiones eléctricas para evitar el pasaje de la electricidad.

Aleros: los bordes de un techo que se proyectan más allá de las paredes.

Algodón o lana en lámina: un trozo corto de aislante de fibra de vidrio o fibra mineral.

Apisonar: afirmar con golpes repetidos.

Artefacto: una máquina o aparato que funciona con energía eléctrica.

Artefacto de corriente residual: un artefacto que monitorea el flujo de corriente eléctrica a través de los cables vivo y neutro de un circuito.

Avellanar: cortar una cavidad para que la cabeza de un tornillo quede al ras de una superficie.

Balaustre: uno de los postes que sostiene el pasamano de la escalera.

Barandilla: la barrera protectora que se extiende a lo largo de una escalera o descanso.

Base: capa de pintura sobre la que se coloca otra capa de pintura transparente o semitransparente. O la primera capa o capas de pintura que se utiliza para desvanecer el color del sellador y dar cuerpo a la pintura antes de aplicar la capa final.

Bastidor: la parte que se puede abrir de una ventana.

Biselado: suavizar un borde hasta dejarlo imperceptible.

Burbuja de aire: bloqueo en una tubería provocado por una burbuja de aire atrapada.

Cabrío: una de las vigas paralelas inclinadas que forma la estructura principal de un techo.

Caída: una tira de papel para empapelar paredes ya medida y cortada del largo necesario y lista para pegar en la pared.

Cámara: una superficie plana angosta que se coloca en el borde de un bastidor, normalmente en ángulo de 45°.

Canaleta: un surco cortado en la mampostería o el yeso para colocar tuberías o cables eléctricos; o cortar o acanalar estos surcos.

Capa aislante: una capa de material impermeable que previene que la humedad atraviese un piso de cemento.

Cara del borde: en carpintería es la superficie que se encuentra en escuadra con la cara lateral de la pieza de trabajo.

Cara lateral: en carpintería es la superficie plana desde la que se miden y trabajan otras dimensiones y ángulos.

Circuito: una línea completa a través de la cual puede circular una corriente eléctrica.

Comba: doblez debido a la contracción, específicamente del ancho de un trozo de madera.

Cóncavo: curvado hacia adentro.

Conductor: un componente, generalmente un trozo de cable, por donde circulará una corriente eléctrica.

Contraescalón: la parte vertical de un escalón.

Convexo: curvado hacia fuera.

Cornisa: moldura horizontal continua que se encuentra entre las paredes y el cielorraso de una habitación.

Cortocircuito: el desvío accidental de la electricidad a la tierra, lo cual aumenta el flujo de la corriente y eventualmente quema un fusible.

Costado de vano: el lado vertical de una abertura.

Dado: la parte más baja de una pared interior generalmente definida por una guía de madera moldeada a la altura de la cintura.

Diámetro interior: la parte hueca de una tubería.

Diluyente: un solvente, como la trementina, que se utiliza para diluir pintura o barniz.

Dintel: una viga horizontal utilizada para sostener la pared de arriba de una puerta o el hueco de una ventana.

División abierta: una pared divisoria interior de madera.

Divisiones: los elementos verticales de un marco de pared de madera.

Encaje: un canal largo y angosto cortado en el sentido de la veta de la madera que forma parte de una junta.

Extensión: un trozo de cable eléctrico que se utiliza para conectar en forma temporaria un artefacto a un enchufe de pared. O una habitación o habitaciones que se agregan a una construcción.

Galvanizado: cubierto por una capa protectora de zinc.

Guarda: una guía ajustable que mantiene el borde cortante de una herramienta a cierta distancia del borde de corte de una pieza de trabajo.

Hombrera: una cuña de madera construida en la mampostería para tener un punto de apoyo del marco de una puerta.

Imposta: tira de madera que cubre los extremos de los cabríos y donde se fijan las canaletas exteriores.

Inglete: una junta formada por dos piezas de madera cortadas en forma biselada con ángulos iguales en los extremos de cada una.

Jamba: el lado vertical del marco de una puerta o una ventana.

Marcar: dibujar una línea con la punta de una herramienta.

Marco: el revestimiento de madera de la abertura de una puerta o una ventana.

Masilla: un compuesto que se utiliza para sellar juntas.

Mediacaña: una moldura prefabricada que se utiliza para construir una cornisa.

Muesca: un canal largo y angosto que se corta en la madera o el yeso en el sentido de la veta.

Nudos: sellador preparado con laca que evita que la resina de la madera se exude sobre una superficie terminada.

Pared hueca: una pared formada por dos estructuras de mampostería paralelas separadas, con un espacio de aire en el medio.

Parhilera: viga horizontal que brinda un soporte intermedio a los cabríos o láminas del techo.

Peldaño: la parte horizontal de un escalón.

Perfil: el contorno de un objeto.

Plantilla: un diseño realizado en papel, madera, metal, etc., que ayuda a dar la forma adecuada a la pieza de trabajo.

PTFE: politetrafluoretileno, un material que se utiliza para fabricar cinta para sellar los accesorios de plomería roscados.

Rebajo: hueco rectangular escalonado a lo largo del borde de una pieza de madera, que generalmente forma parte de una junta; o para cortar esos huecos. También raer una superficie para que tenga mejor agarre cuando haya que pegarle algo.

Retroceso en el sifonaje: el sifonaje de una parte del sistema de plomería provocado por la falla en la presión del agua.

Revestimiento: la capa exterior del aislamiento de un cable eléctrico.

Sellador: la primera capa de un sistema de pintura que se aplica para proteger la madera o el metal.

Sifón: una sección doblada de una tubería que se encuentra debajo de un baño o una pileta de cocina y contiene agua para evitar el pasaje de gases.

Tabla: una tira angosta de madera.

Tablero de fusibles: el lugar donde se encuentran conectados los cables del servicio eléctrico del circuito de la casa.

Tarugos: trozos de madera colocados en una pared para fijar clavos en los zócalos, marcos de puertas, etc.

Terminal: una conexión a la que se unen las terminaciones de los cables pelados.

Tierra: una conexión entre un circuito eléctrico y la tierra, o un terminal al cual se realiza la conexión.

Trazar: copiar el perfil de una superficie sobre el borde de un material que se va a empalmar contra ella; o marcar una línea con una herramienta puntiaguda.

Tubería maestra: la tubería que lleva agua a un tanque de almacenamiento, que generalmente se encuentra en el techo.

Tuerca tapa o ciega: la tuerca que se utiliza para ajustar un accesorio a una tubería.

Veta: la dirección de la fibra de la madera, o el diseño producido en la superficie de la madera cuando se cortan sus fibras.

Viga: una estructura de madera o metal que se utiliza para sostener otra estructura como un piso, un cielo raso o una pared.

Viga de acero enrollada: una viga de acero, con una sección en cruz con la forma de una letra l.

▶ Índice temático

ÍNDICE TEMÁTICO

Tabla de equivalencias

1 metro (m)	=	39,37 pulgadas (pulg)
1 centímetro (cm)	=	0,01 m = 10 mm = 0,3937 pulgadas (pulg)
1 milímetro (mm)	=	0,001 m
1 pulgada (pulg)	=	0,0254 m

Otros libros de interés
de la Editorial Albatros

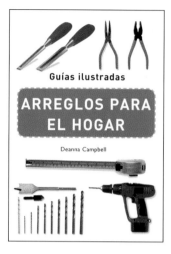

TRABAJOS EN MADERA
Albert Jackson - David Day
192 páginas color

ARREGLOS PARA EL HOGAR
Deanna Campbell
208 páginas color

HÁGALO USTED MISMO
Corina Noguera
160 páginas color

FALSOS ACABADOS
Karl-Heinz Meschbach
128 páginas color